영화·심리·법

영화로 보는 범죄와 심리

김화정·정진항 지음

박영사

인간은 아무리 건강하다고 자부하는 사람도 성장과정에서 신체뿐 아니라 마음에 크고 작은 병을 앓으면서 살아간다. 그러한 과정들은 인간의 내면에 적응력을 강화시키기도 하지만 마음의 질환으로 남겨지기도 한다. 이런 '인간의 행동과 심리과정을 과학적으로 연구하는 학문'이 '심리학 (Psychology)'이라고 한다면, '이상심리학(Abnormal psychology)'은 '인간의 일탈행동 또는 심리적 장애를 연구하는 학문'이다.

좀 더 자세히 말하면, 부적응 행동이나 심리적인 장애는 어떻게 표출되는가? 유발요인은 무엇인가? 등을 연구하는 학문인 것이다.

그런가 하면 '법률(Law)'이란 사전적으로 '사회생활의 질서를 유지하기 위하여 통치자나 국가가 정하여 국민을 강제하는 규범'이라고 기록되어 있다. 쉽게 말해서 법이란 사람들이 살아가면서 지켜야 할 행위적 규범이다.

'심리학과 법학'은 각기 정체성이 다른 이질적인 영역이라고 볼 수 있기에 공통점과 차이점을 논하기는 어려우나 두 학문 모두 사람을 지키기 위해 존재하는 학문이라는 공통점을 갖고 있다.

학문적 영역으로 보면 '법심리학(Forensic Psychology)'이 있고 이 영역은 다시 '법심리학(Psychology of Law)'과 '범죄심리학(Criminal Psychology)' 으로 구별되지만, 이 책에서는 범죄심리학적인 기준과는 다르게 '보편적 심리'가 아닌 이상심리적인 시선으로 살펴보면서 어떤 모습이 '정상(normal)'이고 어떤 모습을 '이상(abnormal)'이라고 말하는가를 해석하고, 누구나 쉽게 이해할 수 있도록 범죄사건 전개를 심리적·법률적으로 설명한다.

사람들은 세상을 살면서 때로는 다른 세상을 꿈꾼다.

자신이 꿈꾸는 일에 주인공이 되고 싶어 하는 사람이 있는가 하면, 현실 속에서 잠시 도피하고 싶어 하는 사람, 그런가 하면 어떤 하나의 대상을 통하여 대리만족하고픈 사람들도 있다. 영화는 그런 사람들을 다른 세상으로 보내줄 수 있는 통로라고 생각한다.

많은 사람들은 영화를 통하여 웃고, 울고, 놀라고, 그리워하며, 다양한 이야기를 접하면서 그 안에서 간접경험을 하게 되고, 영화 속에서 일어나는 사건들 그리고 주인공의 범죄행동에 대한 정보를 궁금해 한다.

이와 같이 대중들이 궁금하게 생각할 수 있는 다양한 정보를 한 권의 책을 통해서 누구나 쉽게 이해할 수 있기를 바라는 마음으로 '영화·심리·법(영화로 보는 범죄와 심리)'을 출간하게 되었다.

영화와 책에 담겨진 흡입력이 적절한 조합을 이뤄서 심리와 범죄의 정보가 될 수 있기를 희망하면서...

패닉 룸 *Panic Room*

■■■ 영화에서 만나보는 공황장애 panic disorder • 8

■■■ 영화에서 찾아보는 법적 해석 • 15

1 무단 주거침입 _ 15

2 '주니어'를 살해한 '라울'(살인죄) _ 16

3 '라울'을 살해한 '번햄'(참작이 가능한 살인죄) _ 16

4 '멕'의 행위에 대한 위법성 _ 17

5 이 영화 속 사건의 범죄 구성 _ 20

 파이트 클럽 *Fight Club*

■■■ 영화에서 만나보는 해리성 장애 dissociative disorders • 28

■■■ 영화에서 찾아보는 법적 해석 • 37

1 건물의 붕괴 형법 제42장 '손괴의 죄' _ 38

2 '잭'의 협박은 '협박죄의 성립요건' _ 39

3 '말라'의 '타일러'에 대한 성추행 _ 41

4 성희롱, 성추행, 그리고 성폭행의 처벌형량 _ 42

5 주인공의 집에 불을 질러서 폭발하게 한 '타일러'는 '방화죄' _ 43

6 '잭'과 '타일러'의 '인질상해·치상죄' _ 44

7 '폭행과 상해'의 상관관계 _ 45

8 강도상해와 강도치상죄의 차이점 _ 46

9 인질 납치범에 대한 형사 처벌규정 _ 47

10 결론 _ 50

노이즈 *Noise*

영화에서 만나보는 스트레스 stress • 55

영화에서 찾아보는 법적 해석 • 62

1 재물손괴죄 _ 63

2 공용물파괴죄 _ 65

3 형법 제42장 손괴의 죄 형량(참조) _ 65

4 손괴 범죄행위의 개요 _ 67

5 "손괴죄"의 주관적 구성요소 _ 68

6 위법성 조각사유 _ 68

7 영화 속 '데이빗'의 범죄행위 _ 69

8 판례로 본 손괴죄 _ 70

9 사례로 본 재물손괴죄 _ 71

케빈에 대하여 *We need to talk about Kevin*

영화에서 만나보는 사이코패시 psychopathy • 79

영화에서 찾아보는 법적 해석 • 83

1 존속살인죄 _ 83

2 살인과 존속살인의 범죄 형량 _ 84

3 범죄의 주관적 구성요소 _ 84
4 존속살인죄의 처벌 _ 84
5 묻지마 범죄의 내용 _ 85
6 묻지마 범죄의 유형 _ 86
7 묻지마 살인 국내사례 _ 87
8 묻지마 살인 외국의 사례 _ 89
9 묻지마 범죄자의 일반적 특징 _ 92

캐치 미 이프 유 캔 Catch Me If You Can

영화에서 만나보는 반사회성 성격(인격)장애 antisocial personality disorder • 102

영화에서 찾아보는 법적 해석 • 105

1 '프랭크'의 '사기 및 횡령' _ 106
2 '프랭크'의 수표위조와 140만 달러 "사기·횡령"의 범죄 _ 114
3 '프랭크'와 비슷한 한국의 (장영자)사기사건 _ 117

블랙스완 Black Swan

영화에서 만나보는 경계선 성격장애 borderline personality disorder • 126

1 편집성 성격장애(paranoid personality disorder) _ 127
2 분열성 성격장애(schizoid personality disorder) _ 128
3 분열형 성격장애(schizotypal personality disorder) _ 129
4 경계선 성격장애(borderline personality disorder) _ 130
5 강박성 성격장애(obsessive-compulsive personality disorder) _ 134

6 의존성 성격장애(dependent personality disorder) _ 135

영화에서 찾아보는 법적 해석 • 136

1 '니나'의 범죄행위 _ 137
2 '니나'의 강박관념에 의한 정신장애와 형사책임 _ 139
3 '니나'의 '베스' 물건 절도 _ 142
4 나의 욕망은 누구의 욕망일까? _ 143
5 판례로 본 범죄사례 _ 144

인썸니아 *Insomnia*

영화에서 만나보는 수면장애 sleep disorder • 153

1 수면장애 관련질환의 종류 _ 157

영화에서 찾아보는 법적 해석 • 162

1 '도머'의 실수에 의한 '햅' 살인사건에서의 증거인멸 _ 162
2 증거인멸죄의 형량 _ 163
3 증거인멸죄의 판례 _ 163
4 위증과 증거인멸의 죄 _ 165
5 증거인멸의 보호법익 _ 166
6 해외에서의 증거인멸의 죄 _ 166
7 '핀치'의 17세 소녀 살인 및 사체유기에 대한 죄 _ 168
8 살인죄의 형량 _ 169
9 '도머 형사'의 '월터' 살해 _ 171

목격자 *People I Know*

==== 영화에서 만나보는 물질(약물)남용 substance abuser • 179

1 마약남용 _ 181
2 아편계 _ 182
3 카페인 _ 183
4 알코올 _ 184
5 니코틴 _ 185
6 흡입제 _ 186
7 흡입제 _ 187
8 마리화나 _ 187

==== 영화에서 찾아보는 법적 해석 • 188

1 '캐리 로너'와 '일라이'의 은밀한 계약 = [청탁] _ 188
2 '질리 하퍼'와 '일라이'의 클럽에서의 아편(마약)흡입 _ 189
3 '일라이'와 '질리 하퍼'와의 관계 = [목격자이자 증언자] _ 189
4 '질리 하퍼'와 '낯선 남자' – 성폭행사건 – '질리 하퍼'의 죽음 = [성폭행과 살인사건 그리고 X파일] _ 189
5 '일라이'의 "아편" 그리고 "항우울제", "수면제", "각성제"의 약물중독 _ 189
6 '질리 하퍼'의 죽음과 유일한 목격자 '일라이'의 죽음 _ 190

[사건을 통한 형사적 범죄의 처벌기준]

1 청탁금지법 _ 190
2 마약사범의 형사처벌 _ 192
3 증거물(PDA) _ 193
4 '질리 하퍼'의 피살, 그리고 목격자 _ 193
5 약물중독에 의한 향정신성 마약류 관리에 관한 법률 _ 194
6 얼굴 없는 살인 _ 194
7 현재 우리나라의 범인 없는 미제사건 _ 196
8 미국의 미제사건 _ 198

9 일본의 미제사건 _ 199

3096일 *3096 Days*

━━━ **영화에서 만나보는 성 관련 장애** sexual dysfunction • 208

1 성기능장애 _ 208
2 성도착증 _ 210
3 성정체감장애(gender identity disorder) _ 212

━━━ **영화에서 찾아보는 법적 해석** • 214

1 3096 Days의 생활 속에 나타난 범죄구성 _ 215

뷰티풀 마인드 *A Beautiful mind*

━━━ **영화에서 만나보는 조현병** schizophrenia • 233

1 조현병의 분류 _ 235
2 조현병의 증상 _ 237
3 조현병의 발병론 _ 240

━━━ **영화에서 찾아보는 법적 해석** • 242

1 '윌리엄 파처'와 '존 내쉬'의 환상속의 갈등 "살인" _ 243
2 정신병원의 '존 내쉬' 강제이송에 따른 법률행위 _ 245
3 '존 내쉬'의 실수로 인한 아들의 "욕실 익사 미수사건" _ 248
4 범행 시 "정신질환 심신상실" 상태인 경우 _ 249

CINEMA 01
패닉 룸

패닉 룸(2002)   01
파이트 클럽(1999)   02
노이즈(2004)   03
케빈에 대하여(2011)   04
캐치 미 이프 유 캔(2002)   05
블랙스완(2010)   06
인썸니아(2002)   07
목격자(2017)   08
3096일(2013)   09
뷰티풀 마인드(2002)   10

"It will be okay."

패닉 룸

Panic Room

패닉 룸 Panic Room

장르: 범죄드라마 / 스릴러

감독: 데이비드 핀처

출연: 조디 포스터(멕) /

크리스틴 스튜어트(사라) /

포레스트 휘태커(번햄) /

드와이트 요아캄(라울) /

자레드 레토(주니어)

• 등장인물

조디 포스터
멕

크리스틴 스튜어트
사라

포레스트 휘태커
번햄

'CF 감독으로 시작한 감독들 중에서 가장 주목받는다고 손꼽는 '데이비드 핀처'. 그는 첫 CF작품으로 '뱃속의 태아가 담배를 피우는 금연광고'를 만들어서 충격을 던졌다.

스릴러 장르의 전문 감독이라는 평을 들었던 '데이비드 핀처'는 데뷔 초에 테크닉이 화려한 작품을 자랑했지만 영화 '조디악'을 기점으로 극단적 절제를 보여주며 거장의 반열에 오른 감독이다.

그런 거장의 손끝에서 실화를 바탕으로 만들어진 영화 '패닉 룸 Panic Room'은 모성본능과 적당한 긴장감이 잘 배합된 영화라는 평을 받는 작품이다.

핀처 감독은 어린 시절에 스릴러 장르의 대가로 알려진 '히치콕' 감독의 영화를 많이 봤다고 하는데 그런 이유 때문은 아닐지라도 그의 작품을 보면 주 장르가 범죄드라마, 스릴러인 까닭에 등장인물들이 상처받고 좌절하거나 암울하고 폭력적이며 막바지로 몰리는 등 벗어나기 힘겨운 상황 설정의 내용이 많다.

하지만 '소셜 네트워크'나 '벤자민 버튼의 시간은 거꾸로 간다' 등의 드라마 장르에서도 뛰어난 실력을 드러내기도 했다.

'패닉 룸'에 대한 인터뷰 당시 "카메라가 전지전능할 수 있다는 생각으로 찍었다."라고 말했다.

사람은 문을 뚫고 나갈 수 없고 벽과 문에 가로막힌다는 것에 대해 '카메라의 역할이 얼마나 중요하게 작용하는가?' 그리고 '카메라를 어떻게 운영할 것인가?'에 대한 언급이었던 것이다.

그렇게 카메라의 힘에 많은 에너지를 담아서 '패닉 룸'이 만들어졌는데 관객들의 입장에서는 때때로 영화에 출연하는 배우들의 역할을 보면서 "저 역할을 다른 배우가 맡았더라면 어떤 느낌이 들까?" 또는 "다른 배우가 맡았다면 어떤 배우가 적합할까?"라고 생각해 보는 경우가 있다.

그리고 실제로 여러 영화의 후기를 들어보면, 애초에 예정했던 배역이나 스토리가 아닌 다른 결과를 만들어낸 경우들을 제법 만날 수 있다.

바로 '패닉 룸'이라는 영화도 그 경우의 수에서 벗어나지 않았다.

강인한 엄마 '멕'의 역할이 처음에는 '니콜 키드먼'이었지만 '조디 포스터'로 교체되었다고 한다.

'니콜 키드먼'과 '조디 포스터'

관객들은 두 여배우를 두고 누가 더 적합하다고 생각할까?

관객들에게 평가되는 니콜 키드먼의 이미지는 어떨까?

니콜 키드먼이 주연이었다면 '패닉 룸'의 분위기나 흐름은 전혀 달라졌을 것이다. 물론 니콜 키드먼에게도 강인한 모습이 있지만 강인함보다 앞서는 그녀의 느낌은 고혹적인 아름다움을 풍기는 여배우라는 게 더 어울리는 표현이다.

그에 비해서 '조디 포스터'는 자아가 강하고 독립적인 여배우의 이미지로 줄곧 지내왔고 연기력에 있어서 누구에게도 뒤지지 않는 느낌이어서 강도들로부터 내 아이를 구해내야 하는 필사적인 이혼모의 역할에는 '니콜 키드먼'보다 더 적합한 배역이었다는 감독의 의견에 동의한다.

감독은 스스로가 관객을 불편하게 만드는 영화가 좋다고 했다.

세상에 존재하는 영화의 종류는 다양하지만 전혀 히어로적이지 않으면서도 히어로스러운 영화, 화려하게 조리되지 않은 본연의 맛 그대로인 폭력을 다루는 걸 좋아한다는 것이다.

그런 영화를 보는 관객들은 현실이 아닌 꿈이길 바라는 생각으로 관람을 하고 당황하기도 하는데 감독은 그런 식으로 관객을 끌어 들이는 게 좋다고 했다. 또 한 가지 독특한 점이 있다면 드라마와 스릴러 감독이라는 명성을 가지고 있는 감독이면서도 뮤직비디오 촬영을 재미있어 한다는 점이다. 그는 뮤직비디오 감독일, 즉 촬영하고 편집하고 녹음하고 믹싱하는 과정에서 즐거움을 느끼고 이 즐거움은 다른 일과 비교가 안 될 정도라고 표현하기까지 했다.

이렇게 다양한 세계에서 다양한 재능을 가지고 스스로의 일에 흥미를 느끼는 '데이비드 핀처'가 만드는 영화의 세계.

알고 보면 더 재미있고 더 빠져드는 영화들을 함께 나눈다.

• 스토리 전개

뉴욕의 맨해튼,

남편과 이혼하고 딸 '사라(크리스틴 스튜어트)'와 함께 뉴욕 맨해튼의 고급주택으로 이사 온 '멕(조디 포스터)'.

그 집에는 외부와 완벽하게 차단된 공간인 '패닉 룸'이 있었는데, 이 방에는 긴급 상황에 대처할 수 있도록 별도의 전화선과 감시 모니터, 환기 시스템, 비상약과 생존 필수품 등 단순한 수준의 안전물품 이상의 것들이 구비되어 있다.

당뇨를 앓고 있는 어린 딸 '사라'와 폐쇄공포증이 있는 '멕'은 낯선 그 집에서 첫날밤을 보내게 되는데, 무단침입을 강행하는 세 명의 침입자가 나타난 것을 느끼고 어린 딸을 깨워서 '패닉 룸' 안으로 숨어든다.

침입자들의 정체는 '패닉 룸' 안에 숨겨져 있는 할아버지가 남긴 막대한 유산을 가져가기 위해 범행을 계획한 '주니어', 이 집의 '패닉 룸'을 설계했고 아이의 양육비가 필요한 '번햄', 그리고 정체불명의 '라울'이다.

이들은 집에 사람이 있을 거라고 생각하지 못하고 들어왔지만 이사 온 사람이 있다는 것을 뒤늦게 알게 되며 계획에 차질이 생기자 당황하게 된다. 침입자들로부터 안전을 선택하기 위해 가까스로 '패닉 룸' 안으로 몸을 숨겼지만, 방 안에 설치된 CCTV와 기계를 통해 그들이 원하는 거액의 돈이 바로 그 '패닉 룸' 안에 있다는 사실을 알게 되면서 '패닉 룸'은 가장 안전하지 못한 장소가 되어버렸다.

외부와 단절된 갇힌 공간에서 불안과 공포의 시간이 흐르고 결국 '사라'는 공황발작을 일으키게 된다. 이때 딸을 구하려는 '멕'의 모성본능이 영화의 긴장감을 더해주는 시작점이라고 볼 수 있다.

한편 '주니어'는 '패닉 룸'으로 진입하기 위한 시도가 번번이 막히자 포기하고 돌아가자며 언쟁을 벌이다가 얼떨결에 자신이 나머지 둘에게 '패닉 룸' 안에 있는 돈의 규모를 속였다는 것을 실토한다.

이에 '라울'은 '주니어'를 총으로 쏘아 죽이고 '번햄'을 위협하여 '패닉 룸' 진입 방안을 강구할 것을 요구한다.

'멕'은 강도들이 '패닉 룸'으로 연결된 외부전화선을 끊어버리기 전에 가까스로 전남편과 통화를 해서 위기 상황을 전달하고 이 소식을 접한 '스티븐'은 경찰에 신고한 후 '멕'의 집에 도착한다.

하지만 그는 괴한들에게 잡혀 모녀와의 협상카드로 이용된다.

CCTV를 통해 전남편이 심하게 고통당하는 모습을 보던 '멕'은 '라울'이 '번햄'과의 몸싸움 끝에 제압당했다는 사실도 알게 된다.

'멕'은 '번햄'이 '라울'과 몸싸움을 하는 틈을 이용해서 '사라'에게 필요한 인슐린 주사를 손에 넣기 위해 '패닉 룸'의 문을 열고 나가지만 '스티븐'의 옷을 입은 '라울'의 계략이 숨어 있었다는 것을 뒤늦게 알게 된다.

우여곡절 스토리가 전개되면서 범행의 욕구가 가장 낮았던 '번햄'은 '멕'과 협조하여 당뇨가 있는 '사라'에게 인슐린주사를 투여하고 회복을 돕는다. '스티븐'의 신고를 받은 경찰이 뒤늦게 '멕'의 집에 도착했지만 범인들의 협박 때문에 아무 일도 없는 것처럼 '멕'이 거짓말을 하고 돌려보낸 후, '번햄'은 금고 안에 있던 채권을 챙겨 달아나지만 '사라'의 비명을 듣고 돌아와 동료 '라울'을 살해한다.

이어서 '멕'의 행동을 수상하게 여겼던 경찰이 특공대 지원을 받아 재출동하고 '번햄'은 체포된다.

영화는 다소 산만한 느낌도 있지만 전반적으로 탄탄한 긴장의 끈을 이어 간다.

영화는 보고 있는 내내 관객들로 하여금 긴장감, 불안의 감정을 요구하는 가운데 '사라'가 당뇨와 공포심에 의한 공황발작의 모습으로 고통스러워할 때 '심리적인 압박감이 얼마나 힘들면 저럴까?'라는 안타까움마저 느끼게 된다. 더불어 드라마나 영화를 통해서 종종 비슷한 상황설정과 비슷한 형태의 모습으로 그려지는 증상이지만 누구에게나 일어날 수 있

출처: NAVER 영화(포토, 스틸컷)

는 증상이기에 기본적인 내용을 알아두면 도움이 되겠다.

영화에서 만나보는 공황장애^{panic disorder}

'공황장애 panic disorder'는 생각보다 많은 사람들이 앓고 있거나 이미 치료를 끝낸 경험을 가지고 있는데, 공황장애 환자에 대해 최초로 기록한 사람은 영국의 심장내과 의사인 J. A. Hope이다. 공황장애는 처음 시작될 때 정확한 진단을 받고 치료를 잘 이어간다면 대부분 큰 호전을 보이거나 완치가 가능하다.

공황장애의 특징 중 중요한 것은, '공황장애를 경험하는 사람은 평소에 심리적인 문제가 있거나 유전적인 문제가 있을 거야.'라고 생각하는 사람들이 많지만 우리의 생각과 다르게 공황장애를 경험하는 사람은 정해져 있는 것이 아니라 예상치 못하게 누구에게나 나타날 수 있고, 극한 불안 증상을 보인다.

그리고 공황발작이 공황장애로 발전하는 경우가 많은데 공황발작의 증상은 우리가 상식적이고 일반적으로 이해하기 어렵지만 비이성적인 두려움과 신체적인 고통이 마치 '심장마비가 일어날 때의 증상'과 비슷하게 강력히 느껴진다는 점을 들 수 있다. 또한 감정적인 상처나 신체적인 활동 등에 동반하여 생길 수 있으나 이유를 알 수 없이 자발적으로 생기는 경우가 흔히 있다.

우리는 이제 '공황장애'라는 말을 좀 더 쉽게 기억하고 이해하기 위해서 '공황 panic'이라는 말의 유래를 간략하게 살펴보는 게 좋겠다.

그리스 신화에 등장하는 '전원의 신 Pan'은 '반인반수'의 모습을 한 '목신'이다. 'Pan'은 성격이 변덕스럽고 화를 잘 내며 장난기가 많아서 산속을 지나가는 나그네들에게 구슬픈 소리의 피리를 불며 공포에 떨게 했다.

숲을 지나는 사람들은 공포심이 들기는 했지만 피리의 소리가 오묘해서 모든 신비한 소리를 'Pan'의 장난이라고 믿었기에 참고 지냈지만 점차적으로 이해되기 어려운 재앙을 'Pan' 때문이라고 믿게 되었다.

게다가 'Pan'에게는 갑작스런 공포감에 사로잡혀 혼란상태에 빠지게 하는 능력이 있었기 때문에 페르시아 전쟁 때 아테네가 승리하도록 한 적도 있었다. 이처럼 목신 'Pan'의 이야기가 유래된 'panic' 또는 'panic disorder'라는 용어가 예전에는 일상적으로 많이 화두가 되지 않았지만 지금은 그렇지 않다. 왜냐하면 이미 수년전부터 여러 연예인, 사회적 유명 인사들이 공황장애를 겪고 있다는 뉴스나 연예방송 등을 통해서 알려졌기 때문이다.

다시 영화이야기로 잠시 돌아가 보자.

영화에서 딸 '사라'는 '패닉 룸' 안에서 극도의 공포와 불안을 느끼면서부터 가슴통증과 호흡곤란의 모습과 손발이 오그라드는 감각이상이나 몸의 떨림과 같은 증상이 나타난다.

출처: Google '패닉 룸' 이미지 中 instiz.net

공황장애는 '불안장애'의 일종으로 많은 의사들이 지목하는 흔한 원인 중
하나가 '극심한 스트레스'라고 말한다.

우리 몸이 평소보다 극심한 스트레스를 받게 되면 이를 '위협'이라고 인
지하게 되고 스트레스가 원인이 되는 공황발작이 이때 생겨나기 쉬운 것
이다.

'불안(anxiety)'은 예상되는 문제에 대한 염려라고 정의되는 반면에 '공포
(fear)'는 즉각적인 위험에 대한 반응이라고 정의한다.

불안과 공포는 모두 흥분, 즉 교감신경계의 활동을 일으킬 수 있다.

주요 불안장애	
공포증	실제로는 위험이 없는 대상이나 상황을 두려워하고 회피하는 것.
공황장애	현기증, 심계항진 등의 증상 발생, 공포심 수반, 광장공포증 수반.
범불안장애	지속적이고 통제불능의 걱정이 특징으로 대상은 사소한 것임.

강박장애	통제할 수 없는 생각, 충동, 이미지를 떠올리고 반복적 행동 또는 정신적 행위를 하게 되는 것.
외상후스트레스장애	외상 경험을 한 후에 흥분수준이 높아지고, 외상 경험과 관련된 자극을 회피하며, 해당 사건을 회상하며 불안을 겪는 것.
급성스트레스장애	증상은 외상후스트레스장애의 경우와 같지만, 그 지속기간이 4주 미만임.

불안에는 중간 수준의 흥분이 유발되고, 공포에는 더 높은 흥분이 유발되는 경우가 많아 가장 낮은 수준에서 불안을 겪고 있는 사람이 안절부절못한 상태와 생리적 긴장 이상의 것은 느끼지 못할 수준이라면, 가장 높은 수준에서 공포를 느끼고 있는 사람은 땀이 온몸에 흐르고 숨이 가빠지며 발을 동동거릴 지경의 과잉충동을 경험할 수 있을 것이다.

하지만 불안과 공포가 꼭 나쁜 것만은 아니다.

올바른 상황에서 불안은 미래에 대한 위협에 대비한 계획을 세울 수 있게 도와주고 우리의 준비성을 키워준다.

예를 들어, 국가시험을 앞둔 수험생이 그 불안에 대비해서 밤잠을 거르며 최선을 다하는 올바른 불안대응이 있는가 하면, 시험불안이 너무 높다보니 마음이 안정되지 않고 머리속이 하얗게 변해 아무것도 손에 잡히지 않는다는 경우도 있다.

이어지는 영화 장면에서는 공황발작을 일으키는 '사라'에게 '멕'이 담요를 덮어주는 모습을 통해서 공황발작의 증상에 '오한'이 있다는 것을 짐작할 수도 있다.

이런 공황발작이 일어나면 자신의 몸에 이상을 감지하게 되며 스트레스로 인한 일시적 공황발작이 공황장애로 이어지게 되는 것이다.

공황장애는 언제 어떤 형태로 보여지는지 예측할 수는 없지만 예기치 못한 공황발작이 규칙적으로 일어날 때 공황장애로 진단될 수 있고, 몇 가지 진단기준을 충족해야 공황장애로 진단될 수 있다.

공황발작의 진단기준(DSM-IV)

비정기적인 강한 두려움이나 불쾌감이 있고, 다음 중 적어도 4개 (또는 그 이상) 증상이 갑작스럽게 나타나고 10분 이내에 증상이 최고조에 도달한다.

1) 심장의 두근거림 또는 심장 박동수의 증가
2) 과도한 땀흘림
3) 손발이나 몸의 떨림 또는 전율
4) 숨이 가빠지거나 막히는 또는 가슴이 답답한 느낌
5) 질식할 것 같은 느낌
6) 흉부 통증 또는 가슴 답답함
7) 토할 것 같은 오심 또는 복부 불쾌감
8) 현기증, 비틀거리는 느낌, 어지러움 또는 기절할 것 같은 느낌
9) 비현실감 또는 이인감
10) 자제력 상실에 대한 두려움 또는 미칠 것 같은 두려움
11) 죽음에 대한 공포
12) 손발이 저릿저릿하거나 마비되는 것 같은 감각이상
13) 오한 또는 얼굴이 화끈 달아오름

공황장애는 다양한 신체증상을 수반하므로 흔히 심근경색이나 히스테리성 증상 또는 간질로 오인되기도 한다.

그리고 이러한 공황발작 진단기준뿐 아니라 전문가의 감별이 필요하며 공황장애 환자들이 공황발작을 늘 경험하는 것은 아니지만 공황발작이 없는 동안에도 다시 발작할 것에 대한 예기불안이 지속적으로 존재하는 경우가 많고, 공황장애 환자 중 35%~50%는 광장공포증을 동반한다고

알려져 있다. 또한 남성보다 여성에게서 훨씬 많이 보여진다고 통계되어 있다.

일반적으로 공황장애의 원인론은, 신경생물학적 요인, 인지요인, 행동적 요인의 관점에서 논하며 통상 사춘기에 시작된다.

특히 Clark는 인지적 관점에서 신체 변화에 대해서 큰일이 임박한 듯 잘 못 해석하는 것에 초점을 맞춰 설명했다.

예를 들면, 공황장애가 있는 사람은 심장박동이 빨라지는 것을 심장발작이 임박했다는 징후로 해석할 수 있다. 이러한 생각은 불안을 가중시키고, 신체 감각을 더 키워서 악순환이 발생하게 되는 것이다. (신체 내부 감각의 조건형성) 공황장애가 독립적인 질환으로 인정된 것이 그리 오래지 않은 일이지만 그 특성상 환자의 일상생활에 미치는 영향은 크기 때문에 최근에 불안장애 중 가장 대표적인 질환으로 다뤄지고 있는 것이다.

대부분의 공황장애 환자가 다른 정신과적 질병을 함께 갖고 있는데 가장 흔한 질환으로는 우울증, 범불안장애, 사회공포증 같은 다른 불안장애, 성격장애, 신체형 장애, 물질 관련 장애 등을 들 수 있다.

공황장애는 광장공포증을 수반하는 상황과 수반하지 않는 상황으로 나눈다. '광장공포증(agoraphobia)'이란 '시장바닥'이라는 그리스어에서 유래되었다. 다시 말하면 공공장소에 대한 두려움을 말하는 것이다.

흔히 운전 중, 육교, 슈퍼마켓, 교회와 같이 혼잡한 장소 등이 속하며 광장공포증이 있는 사람들은 집을 떠나지 못하거나 그런 장소에 가더라도 심리적으로 큰 고통을 겪어야 가능하다.

광장공포증이 없는 공황장애의 진단기준(DSM-IV)

A. 1)과 2) 모두를 만족한다.

1) 반복되는 예측불허의 공황발작

2) 적어도 한 번 이상의 발작 후에, 적어도 1개월 이상의 기간 동안 다음 중의 하나 이상이 뒤따른다.
- 발작이 다시 올 것에 대한 지속적인 걱정
- 발작의 영향이나 결과에 대한 걱정(예: 통제력 상실, 심장마비, 미치는 것)
- 발작과 관련된 현저한 행동의 변화

B. 광장공포증이 없다.

C. 공황발작이 물질(예: 약물 남용, 투약)이나 일반적 의학적 상태(예: 갑상선기능 항진증)의 직접적인 생리적 영향에 의한 것이 아니다.

D. 공황발작이 사회공포증(예: 두려워하는 사회적 상황에 노출 시 발생), 특정 공포증(예: 특정 공포상황에 노출 시 발생), 강박성 장애(예: 오염에 대한 강박사고가 있는 사람이 더러운 것에 노출되었을 때), 외상후스트레스 장애(예: 심한 스트레스 요인에 반응했을 때) 또는 이별불안장애(예: 집이나 가까운 가족, 친척을 떠났을 때) 같은 다른 정신장애로 더 잘 설명되어서는 안 된다.

* 광장공포증이 없는 공황장애와 있는 공황장애의 진단기준 차이는 광장공포증의 유무로 결정이 날 뿐이다.

종종 보고된 내용인데, 공황발작이 있는 사람들이 공황발작이 발생하면 어떤 상황에 있든 간에 도망가고 싶은 충동을 강렬하게 느낀다고 한다. 인간은 생존의 위협을 느꼈을 때 즉각적으로 그 위협에 걸맞는 교감신경 계통의 흥분을 경험하게 된다.

그리고 공황장애가 있는 사람 중 90%가 공황발작이 발생했을 때 이 흥분에 대해 스스로가 이해하지 못하기 때문에 자신이 죽을수도 있다거나 통제력을 잃거나 미쳤다는 생각이 들기도 하면서 강력한 두려움을 느끼기 쉽다.

> 📽 공황장애와 관련된 참고영화
>
> '애널라이즈 디스 Analyze This', '퍼펙트 센스 Perfect Sense', '다섯 번째 계절 Bee Season', '카피 캣 Copycat'이라는 영화를 통해서도 공황장애의 증상들을 볼 수 있다.

영화에서 찾아보는 법적 해석

❶ **무단 주거침입** – 주거침입은 주인(관리인)의 허락 없이 또는 의사에 반하여서 무단으로 주거 안으로 들어가는 것으로, 신체의 모든 부분이 들어가거나, 신체의 일부분만 들어가도 주거침입이 될 수 있다.

그리고 침입했을 때 주거의 평온을 해칠만한 사유였다면 주거침입죄의 기수범이 되고, 평온을 해치지는 않았으나 신체의 일부라도 들어온 경우라면 주거침입죄의 미수범이 된다.

주거침입에도 "특수주거침입죄"라는 가중처벌의 대상이 있다.

(형법 제320조 단체 또는 다중의 위력을 보이거나 위험한 물건을 휴대하여 전조의 죄를 범한 때에는 5년 이하의 징역에 처한다.)

특수주거침입죄는 대부분의 사람들이 알다시피 특수한 경우에 한하여 흉기 및 위험한 무기를 소지하고 침입하거나 다중이 위력을 보여 침입하는 등의 행위를 할 때 성립한다. 이것 또한 미수범을 처벌한다.

영화 중반부의 '패닉 룸'을 사이에 두고 사투를 벌이는 '멕'과 3명의 강도, 그리고 심한 당뇨를 앓고 있는 어린 딸 '세라'와의 긴박한 범죄현장. '멕'과 '세라'는 그들을 피해 가까스로 '패닉 룸' 안으로 몸을 숨기는 데 성공하고, 방 안에 설치된 CCTV와 기계를 통해 '돈을 원한다면 빨리 챙

겨서 나가라, 우리는 건드리지 말라'고 하지만 그들이 진짜로 원하는 것
은 바로 그 '패닉 룸' 안에 있는 돈이었다는 사실을 알게 된다.
결국 강도 3명은 모두 '특수주거침입죄'의 공동정범이 된다.

❷ '주니어'를 살해한 '라울'(살인죄)

(강도)'주니어'는 '패닉 룸'으로 진입하기 위한 시도가 번번히 막히자 포
기하고 돌아가자며 언쟁을 벌이다가 얼떨결에 자신이 나머지 둘에게 '패
닉 룸' 안에 있는 돈의 규모를 속였다는 것을 실토한다.
이에 (강도)'라울'은 '주니어'를 총으로 쏘아 죽이고 '번햄'을 위협하여 '패
닉 룸' 진입 방안을 강구할 것을 요구한다.
(형법 250조 제1항, 사람을 살해한 자는 사형, 무기 또는 5년 이상의 징
역에 처한다. 제2항, 자기 또는 배우자의 직계존속을 살해한 자는 사형,
무기 또는 7년 이상의 징역에 처한다.) 결국 라울의 총기살인 행위는 살
인죄에 해당한다고 하겠다.

❸ '라울'을 살해한 '번햄'(참작이 가능한 살인죄)

'멕'의 위급상황을 전해들은 전남편 '스티븐(패트릭 보쇼)'이 집에 도착하
게 되고, 괴한들은 그를 모녀와의 협상카드로 이용한다.
CCTV를 통해 '스티븐'이 심하게 구타당하는 모습을 보던 '멕'은 '라울'이
'번햄'과의 몸싸움 끝에 제압당했다는 사실을 알게 된다. '멕'은 '번햄'이
'라울'을 처리하는 틈을 이용해 '패닉 룸'에서 나와 '사라'에게 필요한 글
루카곤 주사를 손에 넣지만 사실 이건 '번햄'이 꾸민 함정이었다.
'패닉 룸' 앞의 '스티븐'은 사실 그의 옷을 입은 '라울'이었고, '번햄'이 끌
고 가던 이가 '스티븐'이었던 것. '라울과 번햄'은 이 틈을 타 '패닉 룸'에
진입한다. 이 과정에서 닫히는 철문에 '라울'의 손이 끼어 부상을 입고,
그가 놓친 총은 '멕'의 손에 들어가게 된다. '사라'를 인질로 잡고 탈출을
하려던 '라울'은 '멕'과 맞서 격투를 벌이게 되고, 혼자 달아나던 '번햄'은

'사라'의 비명을 듣고 집으로 돌아와 '라울'을 살해한다.

'패닉 룸'의 설계자로 아이의 양육비 때문에 범죄에 동참하게 된 '번햄'은 분명한 총기 강도 살인을 저질렀지만 참작이 가능한 강도라 할 수 있다. 그러나 살인사건으로 진행된 '번행'의 범죄행위는 영화의 진행으로 보아 '번햄'이 본성까지 악한 인간은 아닌 것을 판단("돈 때문에 가담하긴 했어도 사람은 안 해친다."고 말하는 장면 등)할 수 있다.

또한 '사라'의 회복을 돕고 모녀를 구하기 위해서 동료 '라울'을 죽일 수밖에 없었던 점을 살펴보았을 때 '번햄'의 살인은 형량을 감할 수 있는 요소가 충분하다.

(형법 제53조(작량감경) 범죄의 정상에 참작할 만한 사유가 있는 때에는 작량하여 그 형을 감경할 수 있다.)

❹ '멕'의 행위에 대한 위법성

'멕'의 범죄행위는 딸과 자신의 목숨을 지키기 위해 어쩔 수 없는 살인을 저지른다. 법정에서 판결되는 모든 결과는 실제적인 상황과 정당성 여부에 따라 다를 수 있으나 여기에서 '멕'은 범죄(살인죄)는 구성하지만 위법성 조각사유에 의해 '처벌 대상'이 되지는 않을 것으로 보인다.

📢 '정당방위'란 자신이나 타인의 법익에 대한 현재의 부당한 침해를 방어하기 위한 행위다. '정당방위'가 인정되면 불법행위에 대하여 무죄로 판결되거나 혹은 형량의 무게를 줄일 수 있다.

1) 정당방위 성립요건 3가지

(형법 제21조 자기 또는 타인의 법익에 대한 현재의 부당한 침해를 방위하기 위한 행위는 상당한 이유가 있는 때에는 벌하지 아니한다.)

범죄가 성립하려면 위법성이 있어야 한다.

그러나 위법성이 있는 행위가 실질적 또는 사회적으로 상당하다고 인정될 경우에는 "정당방위"로 범죄가 성립되지 않거나 행위자의 책임이 경감된다.

하지만 어느 정도까지 "정당방위"로 인정해야 하는지에 대해서는 사회적으로 의견이 분분하다. 형법에 비추어 아래와 같은 행위에 대해서는 "정당방위"로 보아 처벌하지 않거나 책임을 경감하고 있다.

(1) 자기 또는 다른 사람의 법익에 대한 현재의 부당한 침해를 방위하기 위한 행위일 때

사례 "현재"의 침해란 침해가 막 이루어지려고 하고 있거나, 방금 막 시작되었거나, 지금까지 계속되고 있는 경우를 말한다. '과거'나 '미래'의 침해에 대해서는 "정당방위"가 불가능하다.

그러므로 오래전 아버지를 죽인 원수를 찾아가 살해하거나, 1주일 뒤에 나를 죽이겠다고 협박한 사람을 찾아가 미리 살해하는 행위는 정당방위가 될 수 없다.

(2) 부당한 침해 이익과 자기 또는 다른 사람의 법익이 균형을 이룰 때

사례 "부당"한 침해란 법이 인정할 수 없는 침해를 말한다.

예를 들어, A명의의 건물에 대하여 B가 소유권을 주장하면서 민사소송을 제기하였고, 승소판결을 받아 적법하게 B가 그 건물에 입주하여 살고 있었는데, A가 그 건물이 자신의 소유임을 주장하며 무단으로 침입한 경우에는 A의 행위를 자기의 재산을 지키기 위한 정당방위로 인정할 수 없다. 다만, 예방 또는 방위하기 위한 행위가 정도를 초과했지만, 그 행위가 야간, 그 밖의 불안스러운 상태에서 공포, 경악, 흥분 또는 당황으로 인해 한 행위일 경우, 형을 감경 또는 면제한다.

(3) 폭행을 하거나 폭행을 하기 위해 위험한 물건을 가지고 있는 사람이
자기 또는 다른 사람에게 위해를 가하거나 가하려 할 때 이를 예방하
거나 방어하기 위해 한 행위가 상당한 이유가 있을 때

사례 다소 애매한 말로 들릴 수 있지만, 판례와 학설을 종합하여 다음
과 같이 기준을 정리하면 쉽게 이해할 수 있다.
1. 방어에 알맞은 수단을 써라.
2. 침해자에게 가장 경미한 손실을 입히는 방어수단을 선택하라.
3. 내가 입을 수 있는 손실과 침해자를 제압함으로써 침해자가 입게
될 손실의 균형을 생각하라.

예를 들어, 나의 뺨을 때린 사람에게 칼을 꺼내 휘두르는 것, 경찰관이
술에 취해 난동을 부리는 사람에게 총을 쏴서 제압하는 것은 "상당한 이
유가 없는 것"이므로 "정당방위"로 인정될 수 없다. 예시처럼 "상당성"
을 잃은 방어행위를 "과잉방위"라고 한다.

2) 판례

(1) 다른 사람들이 보는 자리에서 아버지를 모욕하고 폭행하려는 자식을
아버지가 1회 구타했는데, 자식이 쓰러져 머리에 상처를 입고 사망
한 경우, 아버지의 신체와 신분을 보호하기 위한 정당방위 인정(대판
73도2401)
(2) 의붓아버지의 강간행위로 인해 정조를 유린당하고 계속적으로 성관
계를 강요받아온 피고인이 그의 남자친구와 사전에 범행을 준비하고
의붓아버지가 제대로 반항할 수 없는 상태에서 칼로 심장을 찔러 살
해한 경우, 상당성이 없다는 이유로 정당방위 부정(대판 92도2540)
(3) 경찰관이 불법적으로 체포하려고 하자 반항하는 과정에서 경찰관에
게 상해를 가한 경우, 정당방위 인정(대판 99도4341)
(4) 서로 치고받는 싸움의 경우 누가 먼저 폭행을 시작했는지 여부와 관
계없이 가해행위는 방어행위인 동시에 공격행위의 성질을 가지므로

정당방위 부정(대판 92도1329)

(5) 이혼소송중인 남편이 찾아와 가위로 폭행하고 변태적 성행위를 강요하는 데 격분하여 처가 칼로 남편의 복부를 찔러 사망케 한 경우, 정당방위 또는 과잉방위 부정(대판 2001도1089)

(6) 피고인이 야간에 처와 극장에 다녀오던 도중 술에 취한 한 남자가 피고인의 처를 땅에 넘어뜨려 깔고 앉아서 돌로 때리려는 순간 피고인이 농구화 신은 발로 그의 복부를 한차례 차서 "외상성 십이지장 천공상"을 입게 하여 사망케 한 경우, 과잉방위에 해당하고 야간 기타 불안스러운 상태하에서 공포, 경악, 흥분 또는 당황으로 인해 불가피하게 이루어진 것이라는 이유로 무죄판결(대판 73도2380)

3) 정당방위: 자기 또는 타인의 법익을 방어하기 위한 행위라는 것

이러한 경우 범죄의 구성요건에 해당되더라도 위법성이 없어 범죄가 성립되지 않는다.(형법 제21조 제1항)

"정당방위"의 성립 요건으로서의 방어 행위에는 순수한 수비적 방어뿐 아니라 적극적 반격을 포함하는 반격 방어의 형태도 포함되나, 그 방어 행위는 자기 또는 타인의 법익 침해를 방위하기 위한 행위로서 상당한 이유가 있어야 한다.

❺ 이 영화 속 사건의 범죄 구성

'라울'과 '번햄'은 형법 제250조 제1항에 해당하는 살인죄가 적용될 것이다. 그러나 위법성 조각사유에 대해서는 논의가 없을 것으로 보인다.

또한 '주니어', '라울'과 '번햄'은 "공모공동정범"에 해당하는지에 대하여 알아볼 필요성이 있다.

1) 공모공동정범

2인 이상의 자가 범죄를 공모한 후 그 공모자 가운데 일부만이 범죄의 실행에 나아간 경우에 실행행위를 담당하지 아니한 공모자에게도 공동정범이 성립한다는 이론이다.

자기 이외의 다른 사람이 공동으로 범행을 한다는 사실을 알고 있으면 된다. 또한 공동정범 성립의 객관적 요건으로서 공동가공의 사실이 있어야 한다. 이는 곧 공동의 전체범행계획에 따른 범행의 일부분에 대한 행위분담을 의미한다. 행위방법은 작위와 부작위, 시간적인 동시성을 요구하지 않는다.

공모공동정범에 있어 함께 범행을 하기로 모의(약속)한 것으로도 범죄구성은 성립한다고 본다.

2) 단순 강도사건에서 살인사건으로

'패닉 룸'은 '주니어', '번햄' 그리고 '라울'의 '패닉 룸' 속의 돈을 훔치기 위한 '주니어'의 계획이 '멕'과 '사라'에 의하여 실패로 돌아가자 의견충돌과 돌발사태에 의하여 '라울', '번햄'과 '멕'의 살인사건으로 이어지는 범죄의 구성이다.

(1) 강도죄 < '번햄', '라울' 그리고 '주니어'의 최초계획

폭행 또는 협박으로 타인의 재물 및 재산상의 이익을 취득하거나 제3자로 하여금 이를 취득하게 함으로써 성립하는 범죄를 말한다.

(2) 특수강도죄

밤중에 사람이 사는 집이나 건물, 선박 또는 방에 침입하여 강도 행위를 하는 죄 또는 흉기를 휴대하거나 두 사람 이상이 합동하여 강도 행위를 하는 죄를 말한다.

3) 강도사건의 형량

(1) 단순강도죄(형법 제333조)

폭행, 협박으로 타인의 재물을 강취(強取)하거나, 기타 재산상의 이익을 취득하거나, 제3자로 하여금 이를 취득하게 함으로써 성립하는데, 처벌은 3년 이상의 유기징역에 처한다.

(2) 특수강도죄(형법 제334조)

야간에 사람의 주거, 간수하는 저택·건조물이나 선박 또는 점유하는 방실에 침입하거나, 또는 흉기를 휴대하거나 2인 이상이 합동하여 강도죄를 범함으로써 성립하는데, 처벌은 무기 또는 5년 이상의 유기징역에 처한다.

(3) 강도상해치상죄(형법 제337조)

강도가 사람을 상해하거나 치상하게 함으로써 성립하는데, 처벌은 무기 또는 7년 이상의 징역에 처한다.

(4) 강도살인치사죄(형법 제338조)

강도가 사람을 살해하거나 치사하게 함으로써 성립하는데, 처벌은 살해할 경우 사형 또는 무기징역이며 치사의 경우 무기징역, 10년 이상의 징역이다. '번햄', '라울' 그리고 '주니어'는 강도살인치사죄에 '멕'의 범죄는 살인죄에 해당된다고 본다.

4) 결론

'주니어'는 특수주거침입죄와 특수강도죄에 해당한다.

그러나 사건은 '공소권 없음'으로 종결된다. '라울'은 특수주거침입죄, 특수강도죄 그리고 강도살인죄에 해당된다. 그러나 사망하였기 때문에 사건은 '공소권 없음'으로 종결된다. '번햄'은 특수주거침입죄와 특수강도죄, 그리고 강도살인죄에 해당하며, 그중 가장 형이 무거운 강도살인죄에 있는 무기징역 이상의 형에 해당한다.

'멕'은 살인죄의 구성요건에 해당하나, 정당방위인지, 과잉방어인지의 여부에 따라 살인죄 또는 무죄가 된다.

CINEMA 02
파이트 클럽

패닉 룸(2002)   01
파이트 클럽(1999)   02
노이즈(2004)   03
케빈에 대하여(2011)   04
캐치 미 이프 유 캔(2002)   05
블랙스완(2010)   06
인썸니아(2002)   07
목격자(2017)   08
3096일(2013)   09
뷰티풀 마인드(2002)   10

"The things you own end up owning you."
(네가 소유하고 있는 게 결국 널 소유하게 되지.)

파이트 클럽

Fight Club

파이트 클럽 Fight Club

장르: 액션 / 드라마

감독: 데이비드 핀처

출연: 브래드 피트(테일러 더든) /
에드워드 노튼(잭) /
헬레나 본햄 카터(말라 싱어)

• 등장인물

브래드 피트	에드워드 노튼	헬레나 본햄 카터
테일러 더든	잭	말라 싱어

'파이트 클럽'은 '영화기법의 새 시대를 연 영화'라는 평을 듣는 작품으로, 스릴러가 전문분야라고 알려진 감독 '데이비드 핀처'의 액션영화다. 대개의 경우에, 원작 소설이 있거나 영화의 전작을 리메이크를 하는 경우에 기본스토리는 그대로 두고, 이야기를 덧입히거나 출연배우를 바꾸며 이야기의 결말을 조금 변형시키는 경우를 많이 만날 수 있다. 하지만 '파이트 클럽'은 1996년에 출간된 원작 소설을 바탕으로 만든 동명영화이면서도 전체적인 내용이 비슷할 뿐 사건이나 결말은 다르다.

소설의 원작자 '척 팔라닉'의 인터뷰 내용을 참고하면 더 아이러니한 흥미를 느낄 수밖에 없다.

출판사측에서 '척 팔라닉'의 원고가 폭력적이라는 이유로 항상 거절을 해오자 '척 팔라닉'은 출판사에게 "진짜 폭력적인 것을 보여 주겠다"는 반발심을 갖게 되었고 이 소설을 써내려갔다고 한다.

그렇게 탄생한 이 작품은 무명의 작가였던 '척 팔라닉'에게 '오리건북'상과 '퍼시픽노스웨스트 북셀러'상을 안겨주었다.

그만큼 작가는 지루함을 느낄 수 없는 매력과 신랄한 풍자, 넘치는 위트를 담아내면서 당시의 10대들에게 바이블과도 같은 존재가 되었다.

• 스토리 전개

자동차 회사의 '리콜 심사관'으로 일하는 주인공 '잭(에드워드 노튼)'은 스웨덴산 고급 가구로 집안을 치장하고 유명 브랜드의 옷만을 고집하지만 일상의 무료함과 공허함 속에서 각종 중독모임을 배회하며 새로운 탈출을 꿈꾼다.

그러던 어느 날 출장행 비행기 안에서 우연히 독특한 친구 '테일러 더든(브레드 피트)'을 만나게 되는데, 잘생긴 외모와 파격적인 언행의 '테일러'는 자신을 비누 제조업자라고 소개하면서 명함을 건넨다.

그 후 집에 돌아온 '잭'은 자신의 고급 아파트가 냉장고 컴프레서에 의해 발화되어 남은 것이 하나도 없음을 발견하고 무기력해진다. 갈 곳이 없

어진 '잭'은 '타일러'에게 전화하
여 도움을 청한다. 이때부터 '잭'
은 공장지대에 버려진 건물 안
에서 '타일러'와 함께 생활하게
된다. '타일러'는 낮에는 자고
밤에는 극장 영사기사와 웨이터
로 일하는데 틈틈이 고급 비누
를 만들어 백화점에 납품하기도
한다.

'잭'이 어느새 '타일러'의 카리스
마에 녹아들고 있던 어느 날 밤
에 "사람은 싸워봐야 진정한 자
신을 알 수 있다"면서 '타일러'
는 '잭'에게 자신을 때려달라고

출처: Google 검색 (영화 파이트클럽 이미지)

부탁한다. 이때부터 두 사람은 서로를 가해하는 것에 재미를 붙이게 되
고 무력으로 세상의 모든 더러운 것들을 정화시키겠다는 그들의 생각에
동조하는 사람들이 하나 둘씩 늘어나게 된다.

결국 이들은 매주 토요일 밤 술집 지하에서 1:1 맨주먹으로 격투를 벌이
는 '파이트 클럽'이라는 비밀 조직을 결성하기에 이른다.

그러나 입소문을 타고 번진 '파이트 클럽'의 명성은 엄청난 반향을 불러
일으켜 대도시마다 지부가 설립되고 군대처럼 변해갔다. 자신의 의지와
는 전혀 다른 방향으로 흘러가는 '파이트 클럽'을 보고 '잭'은 당황하게
되고, '잭'의 정신적 지주였던 '타일러'가 갑자기 사라지자 '타일러'를 찾
기 위해 각 도시를 헤매며 다닌다.

격투, 전투, 싸움을 의미하는 영화 '파이트 클럽'은 제목에 맞게 처음 장
면부터 폭행이 시작된다. '잭'과 '타일러'의 기막힌 만남은 '파이트 클럽'
이라는 비밀 조직을 결성하고, 폭력으로 세상에 저항하는 거대한 집단을

형성한다. 하지만 걷잡을 수 없이 커진 '파이트 클럽'은 시간이 지날수록 의미가 변질되면서, '잭'과 '타일러' 사이엔 갈등이 깊어진다.

과연, 두 사람의 관계는 어떤 연관성을 가지고 이어 갈 수 있을까?

보편타당성의 시각을 지닌 일반적인 입장에서, '조현병(정신분열)'과 '해리성 정체감장애' 그리고 '반사회성 장애'는 이상심리적 증상을 놓고 가장 많이 혼돈을 일으키는 부분이다.

그러나 '해리성 정체감장애'와 '조현병'의 대표적인 차이점을 간단하게 하나만 든다면 개인의 서로 다른 정체성의 존재 여부 및 망상과 환청의 유무에 있다고 볼 수 있다.

TV나 영화를 통해서 잔인함의 끝을 보여주는 범인, 죄의식을 느끼지 못하는 범인, 비상한 두뇌를 가지고 있는 범인을 보면서 '조현병'이라는 증상으로 모두 진단해 왔지만 비슷한 증상의 다른 장애들이 있다는 점도 알아두면 유익하다는 생각이 든다.

영화에서 만나보는 해리성 장애^{dissociative disorders}

영화 '파이트 클럽'에서는 '해리성 장애 dissociative disorders'를 알아볼 수 있다. 흔히 '기억상실증'이나 '다중인격'으로 대중에게 많이 알려져 있는 '해리성 장애'는 실제로 임상장면에서 가장 보기 힘든 장애로 사람들의 관심을 극적으로 끌고 싶어 하는 소설이나 영화에서 자주 접하게 된다.

'해리'의 사전적 의미는 심리 과정의 한 부분이 다른 부분과 분리되어 상호관계를 유지하지 못하고 각각 독립적으로 기능하는 것으로, 재난, 학대 등 고통스러운 경험을 피하기 위하여 '심리적 충격을 기억과 감정에서 분리해 내는 무의식적 현상'이라고 말할 수 있다.

다시 말하면, 인간에게는 의식, 기억, 행동, 자기정체감이 있고 이 요소들이 통합되어 움직이는데 이 기능에 갑작스럽게 이상이 생긴 상태를 말한다.

사람들은 자신이 누구라는 것을 알고, 과거의 경험을 기억하며, 현재의 내가 생활 속에서 행동하고 있는 것을 인식하지만 스스로가 감당하기에 과도한 심리적 충격이나 과도한 스트레스를 받게 되면 자신을 보호하기 위한 무언가를 하게 된다.

일반적으로 사람들은 고통스러운 경험을 당할 때 무력감과 자기 조절 능력을 상실하며 이럴 때 고통스러운 경험을 기억 속에서 지우거나, 다른 사람의 경험인 것처럼 '부인(denial)'하는 '해리(dissociation)'라는 방어를 사용한다.

그러므로 '해리 현상'이란 누구든지 일상생활에서 겪을 수 있는 경험, 즉 게임에 빠지거나 책읽기에 심취하거나 대화에 집중하는 등 무언가에 몰입하는 상황에서부터 병리적인 해리장애까지 광범위하고 지속적인 심리적 현상이라고 말할 수 있다.

지금까지 설명한 '해리성 장애'는 갑작스럽고 일시적으로 정체감, 기억, 의식 환경 등에 이상이 생긴 상태로 기능의 일부가 상실되거나 변화된 것이지만 '해리성 장애'라는 한 가지 명칭으로만 설명할 수 없고, 해리성 기억상실, 해리성 둔주, 해리성 정체감장애, 이인성 장애 등으로 구분된다.

그렇다면, 영화 '파이트 클럽'의 주인공은 어디에 해당될 수 있을까?

네 가지 분류에 대해 알고 나서 주인공의 증상이 어디에 해당하는지 찾아보는 것도 흥미로운 일이다.

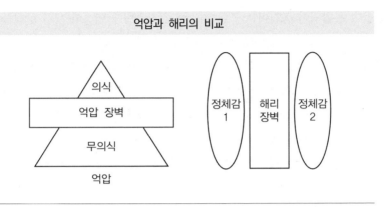

출처: 학지사, 이상심리학, 386p.

우리가 네 가지를 분류해서 알아보기 전에 먼저 이해해야 할 것은 '억압'
과 '해리'이다.

그림이 보여주듯 분명하게 설명되는 것은 '해리'라는 것의 특징이 각각
분리되어 있다는 점이다.

*진단기준 DSM-IV 참고

해리장애(dissociative disorders) 분류	
해리성 정체감장애	한 사람 안에 둘 이상의 다른 정체감을 지닌 인격이 존재하여 행동에 영향을 끼치며 과거에는 '다중인격 장애'로 불렸다.
해리성 기억상실	외상 또는 스트레스에 의한 기억상실로, 개인적 정보를 기억하는 능력의 상실로 몇 분에서 몇 십 년간의 기억이 사라질 수 있다.
해리성 둔주	자신의 과거나 정체감에 대한 기억을 상실하여 가정과 직장을 떠나 방황하거나 예정 없는 여행을 하는 장애이다.
이인성 장애	자신의 심리, 정신이 신체로부터 분리되어 있는 듯한 느낌이 지속되거나 반복된다.

해리성 정체감장애 진단기준

1. 둘 또는 그 이상의 각기 구별되는 정체감이나 인격 상태가 존재한다.
2. 적어도 둘 이상의 정체감이나 인격 상태가 반복적으로 개인의 행동을 통제한다.
3. 일상적인 망각으로 설명하기에는 너무 광범위하며, 중요한 개인적 정보를 회상하지 못한다.
4. 이 장애는 물질이나 일반적인 의학적 상태의 직접적인 생리적 효과로 인한 것이 아니다.
주의: 소아기에서 이 증상은 상상적인 놀이 친구 또는 기타 환상적인 놀이에서 연유되는 것이 아니다.

이인성 장애 진단기준

1. 개인의 정신과정이나 신체에서 분리되어 있다는 감정, 마치 외부의 관찰자처럼 지속적으로나 반복적으로 이런 감정을 경험한다.(예: 개인이 꿈속에 있는 것처럼)
2. 이인성 장애를 경험하는 동안 현실검증력은 손상되지 않은 채로 남아 있다.
3. 이인성 장애는 일상적으로 심각한 고통이나 사회적 또는 다른 중요한 기능 영역에서 심한 장해를 초래한다.
4. 이인성 장애 경험은 조현병, 공황장애, 급성 스트레스 장애 또는 기타 해리성 장애의 경과 중에만 일어나는 것이 아니고, 물질이나 일반적인 의학적 상태의 직접적인 생리적 효과로 인한 것이 아니다.

해리성 기억상실 진단기준

1. 주된 장애는 중요한 개인적 정보를 회상하지 못하는 한 번 또는 그 이상의 삽화로서, 대개 외상성이거나 스트레스성이며, 일상적인 망각으로 설명하기에는 매우 광범위하다.
2. 이 장애가 해리성 정체감장애, 해리성 둔주, 외상후스트레스장애, 급성 스트레스장애 또는 신체화 장애의 기간 동안에만 일어나지 않아야 하며, 물질이나 신경학적 상태 또는 기타 일반 의학적 상태로 인한 것이 아니어야 한다.
3. 증상은 사회적, 직업적 또는 다른 중요한 기능 영역에서 임상적으로 심각한 고통이나 장해를 초래한다.

해리성 둔주 진단기준

1. 주된 장애는 집이나 평소의 활동 장소에서 벗어나 갑자기 예기치 않은 여행을 하는 것으로, 자신의 과거를 회상하지 못한다.
2. 개인의 정체감에 대한 혼돈이 일어나거나 새로운 정체감이 형성된다.
3. 이 장애는 해리성 정체감장애의 기간에만 일어나서는 안 되며, 물질이나 일반적인 의학적 상태의 직접적인 생리적 효과로 인한 것이 아니어야 한다.
4. 증상은 사회적, 직업적 또는 다른 중요한 기능 영역에서 임상적으로 심각한 고통이나 장해를 초래한다.

4가지 해리장애의 대표 특성을 보면,

해리성 정체감장애는 최소한 2개 이상의 뚜렷이 구분되는 자아상태가 각기 독자적으로 움직이는 것, 해리성 기억상실은 스트레스를 겪고 나서 장기 또는 일시적으로 기억을 상실하는 것, 해리성 둔주는 기억상실 이외에도 집을 떠나서 새로운 사람으로 행세하는 것, 이인성 장애는 자기에 대한 경험 내용이 달라진 것을 말한다.

해리성 정체감장애(dissociative identity disorder)

통상적으로 아동기에 발생하지만, 대개는 성인기에 이르러서 진단이 내려진다. "해리성 장애"의 네 가지 중에 성격 전반에 걸쳐 더 심하고 광범위하다. 이유는 모르겠지만 남성보다 여성에게 훨씬 더 많이 나타나는 장애이면서 외상후스트레스장애, 경계선 성격장애, 우울장애 등의 다른 진단도 함께 받기 쉽고 두통, 환각, 자살충동, 자학 등도 수반한다.

이 장애의 사례들은 책이나 영화에서 조현병(정신분열)과 가장 많이 혼동하여 사용되는 경우가 많지만 결정적으로 조현병과 다른 점은 사고의 장애와 행동의 혼란을 나타내지 않는다는 점이다.

발생원인론 중에서 안타까운 것은 이 장애의 대부분 환자들은 아동기에 극심한 신체적 또는 성적학대를 받았다고 'Robert Brenner'에 의해 보고되었다는 점이다.

해리성 정체감장애가 다른 장애와 확실히 다른 점은 한 사람 안에 각각의 다른 정체감이 서로 독립되어 있고 각기 다른 정체감이 활동할 때 다른 정체감이 그것을 인식하지 못하는 경우가 많다는 것이다.

장애 이전부터 존재했던 본래의 주정체감과 장애로 인하여 발달된 교체정체감은 각기 다른 정체감이 의식에 나타나서 각 정체감에 부합되는 말과 생각 및 행동을 하는데, 가장 간단한 형태가 두 개의 정체감이 교체되어 나타나는 것이며 이를 우리는 '이중인격'이라고 한다.

여기서 더 복잡하게 되면 교체 정체감이 여러 개 번갈아 나타나면서 다른 이름, 목소리, 인격, 연령, 성별을 갖고 행동하기도 하기 때문에 때로는 교체 정체감이 범행을 저지르기도 하고 내면의 한 정체감이 다른 정체감을 죽이고 싶은 충동에 시달리다가 자살을 시도하기도 하는 것이다.

몇 년 전에 해리성 정체감장애를 소재로 만든 드라마를 통해 표정과 말투가 여자였다가 아이였다가 거친 남성의 모습으로 완벽한 연기변신을 보인 남자 배우가 있었다.

드라마나 영화에서는 자기가 다른 정체성으로 행동했었다는 것을 그 순간에는 알지 못하나 주정체성으로 돌아온 후에 벌어진 주변 상황을 보고 인지하는 경우를 자주 보여주고 더불어 불안과 우울을 동반하는 모습도 알 수 있다.

그러므로 때로는 "항우울제"를 사용해서 완화되기도 하지만 사회적으로나 개인적으로 상당히 심각한 수위에 있는 장애임은 확실하다.

해리성 장애와 관련된 영화들이 상당히 많은 이유는 영화의 반전감이나 극적인 효과를 주기 위해서 '기억상실', '다중인격'이라는 말로 잘 알려진 '정체감장애'를 소재로 사용하기 때문이다.

해리성 둔주(dissociative fugue)

우리가 스토리 전개를 통해서 또는 영화 관람을 통해서 분리해서 생각했던 '잭과 타일러' 두 사람이 사실은 그게 아니라 자기가 다니던 직장과 가정을 버리고 다른 곳으로 가서 다른 생활을 하던 상황인 '해리성 둔주'라는 반전을 이룬다.

라틴어 'fugere'에서 유래된 '둔주'는, 단어가 프랑스어 fugue 영어 flight로 '도망치다'라는 의미를 가지고 있으니 '어딘가 돌아다니는 건가보다'라는 느낌이 전달되는 것 같다.

실제로 '해리성 둔주'는 분류의 한줄 요약에서도 언급했지만 가정과 직장을 갑자기 떠나 행방불명이 되거나 예정에 없는 여행을 하며 이에 대한 기억상실을 나타내는 경우를 말하며 짧게는 몇 시간, 길게는 몇 년의 기간 동안 지속될 수도 있다. 둔주 환자들의 경우는 해리성 기억상실증과는 다르게 흔히 정체감에 혼란이 생기는 경우가 많아서 자신의 과거나 정체성에 대한 기억을 완전히 상실한 채 다른 곳에서 새로운 신분이나 직업을 가지고 생활하는 경우가 많은데, 대개는 자연회복이 되고 회복이 될 때는 빠르게 회복한다는 특징이 있다.

'해리성 둔주'의 발병 경우를 보면 대부분 충격적 스트레스 사건이나 천재지변으로 인한 사고, 전쟁, 터널붕괴 등 강력한 부정적 정서경험, 격한 부부다툼, 개인적인 배척, 돈 문제 등으로부터 벗어나고자 나타나는 경향이 있기 때문에, 정신분석적 입장에서 보면 억압과 부인의 방어기재가 강력하고 광범위하게 나타나는 상태라고 할 수 있고, 행동주의적 입장에서 보면 둔주를 통해 회피함으로써 고통스런 상황에서 오는 기억과 감정회피를 하면서 학습된 것이라고 할 수 있다.

그러나 Merckelbach 등에 따르면 강제수용이 되어서 심한 외상을 겪은 사람에게서도 해리성 둔주가 드물게 나타난다고 보고된 바 있어서 모든 둔주가 외상 후에 곧바로 일어나는 것은 아니라는 점에 주목해야 할 필요가 있다.

이인화장애(depersonalization disorder)

기억과 관련된 문제가 없지만 자기에 대한 지각이 바뀌는 것을 말한다. 보통 청소년기에 시작되어 만성적인 경과를 밟기도 하고 오래 지속되기도 하는데 성격장애와 공존하기도 한다.

이인화장애는 보통 스트레스에 의해 발생되는데 자기에 대한 감각을 갑작스레 상실하는 모습을 보이기 때문에 자기의 팔 굵기가 다르게 느껴지거나 자신의 목소리가 전혀 다른 사람의 목소리로 들리는 등 마치 영혼이 자기 몸밖으로 빠져나와서 자신을 바라보는 듯한 느낌이어서 현실감을 상실한 상태다.

해리성 기억상실(dissociative amnesia)

과거 경험을 기억하지 못하는 증상으로, 자신의 신상이나 사건 등을 몇 시간 또는 몇 년간에 걸쳐 기억하지 못하는 장애이다.

해리성 기억상실이 있는 동안은 자신의 이름이나 가족에 대한 기억, 주소, 전화번호, 친구들 등을 기억하지 못하지만 정신병적 양상을 보이지는

출처: Google 검색(영화 파이트클럽 이미지)

않는다. 보통 스트레스 사건을 경험한 이후에 갑작스럽게 발병하는 경우가 많고, 회복도 갑작스럽게 이루어지며 스트레스 상황이 제거되면 자연적으로 회복되기도 한다.

해리성 기억상실도 하나의 유형이 아니고, 국소적 기억상실, 선택적 기억상실, 체계적 기억상실, 지속적 기억상실, 전반적 기억상실로 나뉜다.

- 국소적 기억상실: 충격적 사건 뒤의 몇 시간 혹은 며칠 동안의 모든 일을 기억하지 못하는 것.
- 선택적 기억상실: 충격적 사건만을 선택적으로 기억하지 못하는 것.
- 체계적 기억상실: 특정한 정보의 범주만 기억하지 못하는 것.
- 지속적 기억상실: 충격적 사건 후부터 현재까지의 모든 사건을 망각하는 것.
- 전반적 기억상실: 자신의 생애를 모두 기억하지 못하는 것.

그러나 체계적, 지속적, 전반적 기억상실은 흔하지 않은 증상이다.

> **해리성 장애와 관련된 참고영화**
> 이브의 세 얼굴(The three faces of evelyn) - 해리성 정체감장애
> 사이빌(sybil) - 해리성 정체감장애
> 메멘토(Memento) - 해리성 기억상실
> 본 얼티메이텀(The Bourne Ultimatum) - 해리성 기억상실
> 23아이덴티티(split) - 해리성 정체감장애
> 멀 홀랜드 드라이브(Mulholland Dr.)

영화에서 찾아보는 법적 해석

이 영화는 반전의 액션영화다.

관람을 하는 동안 이 영화가 특별하게 다가온 이유는 현대인의 공허함과 허물어지는 자아정체성을 다룬 영화이며, 인간의 파괴적 본성과 폭력에 대한 갈망을 잘 표현하고 있다고 느껴졌기 때문이다. 영화는 처음부터 '범죄의 구성'으로 시작된다.

❶ 영화 '파이트 클럽'에서 '잭'과 '테일러'의 만남은 폭력으로 시작하여 영화 중반부 '로우'와 '테일러 더든'과의 만남 또한 폭력과 폭행, 그리고 협박과 기물파괴, 방화, 인질 테러로 이어지면서 영화는 계속된다.

[강도사건]

1) 강도와 준강도

강도: 폭행이나 협박 따위로 남의 재물(물건)을 빼앗는 도둑.

준강도: 도둑이 훔친 물건을 빼앗기지 아니하려고 항거하거나 잡히지 아니하려고 또는 죄의 흔적을 남기지 아니하려고 폭행이나 협박을 하는 일. 상사와의 협상 중 증거 없는 '잭'의 1인 "협박 폭력적 상황 연극"

2) '잭'의 협박죄

사람으로 하여금 공포심을 일으킬 수 있는 해악을 통보하여 의사형성의 자유를 침해하는 범죄를 말한다. 행위객체는 자연인으로 사람만을 의미하기 때문에, 법인은 협박죄의 객체가 될 수 없다.

3) 폭력

사람에게 혐오스러운 자극을 고의적으로 하는 행동을 일반적으로 공격이라고 하는데 그중에서 신체적인 공격행위 등, 직접적·물리적 강제력이 폭력이다. 고의로 한다는 의도성 및 피해자가 싫어할 것이라는 예측성의 2가지 인지적 요소가 포함된다.

이 영화는 모든 상황에 '폭력'이 함께 한다는 것이 불편할 수 있지만, 주인공이 '타일러 더든'을 통해서 세상에 눈을 뜨게 되는 과정들이 좋다. 갑자기 자신을 한 대 쳐보라고 한다든가 언젠가는 너도 죽는다는 걸 알아야 한다며 주인공의 손을 잿물로 지져버리는 폭력적인 장면들은 우리도 언젠가 틀림없이 죽는다는 단순한 진실, 그러나 실은 누구도 알고 있지 않은 진실을 똑바로 바라보게 한다.

*범죄의 형태에 따른 구성

❶ 건물의 붕괴 형법 제42장 '손괴의 죄'

타인의 재물을 손괴하거나(부수거나) 은닉해서(숨겨서) 그 효용을 해하는 범죄. 소위 "기물파손죄" 바로 이 "손괴죄"에 해당한다.

1) 재물 손괴의 죄(형법 제366조)

타인의 재물, 문서 또는 전자기록 등 특수매체기록을 손괴 또는 은닉 기타 방법으로 기 효용을 해한 자는 3년 이하의 징역 또는 700만원 이하의 벌금에 처한다.

2) 공익건조물파괴(형법 제367조)

공익에 공하는 건조물을 파괴한 자는 10년 이하의 징역 또는 2천만원 이하의 벌금에 처한다.

3) 중손괴(형법 제368조)

(1) 전2조의 죄를 범하여 사람의 생명 또는 신체에 대하여 위험을 발생하게 한 때에는 1년 이상 10년 이하의 징역에 처한다.

(2) 제366조 또는 제367조의 죄를 범하여 사람을 상해에 이르게 한 때에는 1년 이상의 유기징역에 처한다. 사망에 이르게 한 때에는 3년 이상의 유기징역에 처한다.

4) 특수손괴(형법 제369조)

(1) 단체 또는 다중의 위력을 보이거나 위험한 물건을 휴대하여 제366조의 죄를 범한 때에는 5년 이하의 징역 또는 1천만원 이하의 벌금에 처한다.

(2) 제1항의 방법으로 제367조의 죄를 범한 때에는 1년 이상의 유기징역 또는 2천만원 이하의 벌금에 처한다.

❷ '잭'의 협박은 '협박죄의 성립요건'

'협박'이란 겁을 주며 압력을 가하여 남에게 억지로 어떤 일을 하도록 한다는 사전적 의미를 가지고 있다. 그렇다면 남에게 겁을 주며 어떤 일을 하도록 한다면 모두 협박죄에 해당이 될까?

법률에서는 협박을 형법에서 상대에게 공포심을 일으키기 위하여 생명, 신체, 자유, 명예, 재산 따위에 해를 가할 것을 통고하는 일이라고 명시되어 있다.

1) 협박죄의 처벌수위

(1) 사람을 협박하였을 때에는 단순 협박죄가 되어 3년 이하의 징역 또
는 500만원 이하의 벌금 그리고 구류 또는 과료에 처한다.(형법 제
283조 제1항). 공소시효는 5년이다.

(2) 자기 또는 배우자의 직계존속에 대하여 협박하였을 때에는 존속협박
죄가 되어 5년 이하의 징역 또는 700만원 이하의 벌금에 처한다.(형
법 제283조 제2항).

위의 두 죄는 "반의사불벌죄"이다.(형법 제283조 제3항)

🔊 [반의사불벌죄]: 형법에서, 피해자가 처벌을 바라지 아니한다는 의사
표시를 하면 처벌할 수 없는 범죄. 단순존속폭행죄, 과실상해죄, 단
순존속협박죄, 명예훼손죄 따위가 있다.

(3) 단체 또는 다중의 위력을 보이거나 위험한 물건을 휴대하여 협박의
죄를 범하였을 경우에는 특수협박죄가 되어, 7년 이하의 징역 또는
1,000만원 이하의 벌금에 처한다.(형법 제284조)

(4) 형법은 협박죄의 특수성을 고려하여 그 상습범의 형을 그 죄에 정한
혐의 1/2까지 가중한다.(형법 제285조)

(5) 단순협박죄·존속협박죄 및 특수협박죄의 미수범도 처벌된다.(형법
제286조) 그리고 「폭력행위 등 처벌에 관한 법률」에 따르면 상습적
으로 협박죄를 범한 자는 3년 이상의 유기징역에 처하고, 야간 또는
2인 이상이 공동으로 협박죄를 범한 경우에는 형법이 정한 형의 1/2
까지 형을 가중한다는 것을 주의할 필요가 있다.(폭력행위처벌법 제
2조 제1항, 제2항)

❸ '말라'의 '타일러'에 대한 성추행

1) 성희롱

성적 언행으로 상대방에게 불쾌감과 혐오감을 느끼게 하는 행위. 성적 언행에 거부하거나 불쾌감을 드러냈다는 이유로 고용 등에서 불이익을 주는 행위도 포함하는 개념이다.

법에서는 주로 노동관계를 전제로 지위를 이용하거나 업무와 관련해 성적 언행을 하거나 그에 불응했다는 이유로 고용상 불이익을 주는 행위를 일컫는다.

2) 성추행

법적 용어는 강제추행이다. 추행(醜行)이란 가해자가 성욕의 흥분이나 만족을 얻을 목적 등의 이유로 상대방의 성적 자유를 침해하는 행위 전반을 일컫는다. 「형법」에서는 폭행이나 협박으로 강제추행을 한 사람을 강제추행죄로 처벌하고 있다. 폭행이란 법률상 용어로, 사람에게 신체적·정신적 고통을 주어 유형력을 행사하는 행위를 말한다. 또한, 강제로 술을 먹이거나 약물을 사용한 경우도 폭행으로 판단할 수 있다.

3) 성폭행

상대방의 동의 없이 일방적으로 성관계를 맺는 행위다. 피해자에게 심각한 정신적·육체적 피해를 주는 성폭력으로 한국에서는 「형법」, 「성폭력범죄의 처벌 등에 관한 특례법」 등에 따라 처벌하고 있다. 과거에는 남성이 여성에게 가한 성폭행만을 강간죄로 인정했으나 2013년 관련 법률이 개정되면서 강간죄의 객체가 '부녀'에서 '사람'으로 정정되었다. 또한, 과거에는 부부간 강간죄가 성립하지 않았으나 2013년 대법원이 전원합의체 판결을 통해 혼인 관계가 유지되더라도 부부 사이의 강간죄가 성립한다고 판시했다.

❹ 성희롱, 성추행, 그리고 성폭행의 처벌형량

1) 성희롱

성희롱은 형법으로는 처벌되지 않는다. 그리고 법률이 명시적으로 규율하고 있는 성희롱은 직장 내 성희롱과 아동·청소년 대상 성희롱이다. 다만 육체적으로 건드릴 시 성추행으로 처벌할 수 있으나, 성적 표출이 증거로 남아 있어야 한다.(예: 가슴, 허벅지, 성기사진) 그 외에도 사안에 따라 명예훼손 등으로 형사상의 처벌을 받을 수 있다.

(1) 금지행위(아동복지법 제17조)

누구든지 다음 각 호의 어느 하나에 해당하는 행위를 하여서는 아니 된다.
2. 아동에게 음란한 행위를 시키거나 이를 매개하는 행위 또는 아동에게 성적 수치심을 주는 성희롱 등의 성적 학대행위

(2) 벌칙(아동복지법 제71조)

① 제17조를 위반한 자는 다음 각 호의 구분에 따라 처벌한다.
1의2. 제2호에 해당하는 행위를 한 자는 10년 이하의 징역 또는 1억원 이하의 벌금에 처한다.

2) 성추행

성추행 처벌은 일반적으로 형법 제289조의 강제추행죄로 진행되며, 폭행 또는 협박으로 사람에 대해 추행행위를 하면 성립한다. 범죄가 성립하면 10년 이하의 징역이나 1,500만원 이하의 벌금형을 선고할 수 있다. 성추행이 성립하려면 기본적으로 폭행이나 협박의 행위가 인정되어야 한다.

3) 성폭행

형법 제297조에는 폭행 또는 협박으로 사람을 강간한 자는 3년 이상의 유기징역에 처한다는 내용이 있으며, 형법 제299조에는 사람의 심신상실

또는 항거불능의 상태를 이용하여 간음 또는 추행을 한 자는 제297조, 제297조 제2항 및 제298조의 예에 의한다고 규정하고 있다.

❺ 주인공의 집에 불을 질러서 폭발하게 한 '타일러'는 '방화죄'

방화죄는 화재에 의해 공공의 안전을 해치는 범죄이다. 때문에 타인의 것을 소훼(燒燬)시킨 경우만이 아니라, 자기의 것을 소훼하였을 경우에도 성립한다. 더구나 타인의 물건을 소훼하였을 경우에 있어서는 다른 면에 있어서 재산범(손괴죄)의 성격을 지니고 있다.

1) 현주건조물방화(형법 제164조)

(1) '사람의 주거에 사용하는'의 의미

'사람의 주거에 사용하는'이란 현재 범인 이외의 자가 기거침식의 장소로서 일상사용하고 있다는 것을 말한다. 한 사람이 계속하여 기거침식에 사용하는 것을 필요로 하지 않는다. 여관 등의 객실이나 또 1동의 건물에 여러 가구가 구분 거주하는 것도 있으며, 소위 연립주택 등의 경우 1가구라도 사람이 거주하고 있는 이상 전체로서 주거에 사용하고 있다고 할 수 있다. 주거에 사용하고 있는 이상 방화의 경우 사람이 현실로 없거나(부재중), 또 사람이 현존하고 있다는 인식도 필요하지 않다.

그리고 여기서 사람이란 범인 이외의 자를 말하고 범인은 포함되지 않으며, 범인의 가족은 '사람'에 포함된다.

(2) '건조물'의 의미

'건조물'이란 토지에 정착하여 지붕이 있고, 벽 또는 기둥에 의지하여 적어도 내부에 사람이 출입할 수 있는 구조물을 말한다. 그러나 천막이나 개집은 건조물이라고 할 수 없다. 건조물, 기차, 전차, 자동차, 선박, 항공기는 예시적인 것에 불과한 것으로 보아야 한다.

(3) 방화죄의 처벌

현주건조물방화죄의 경우 상해에 이르게 한 경우라면, 무기징역 또는 3년 이상의 징역형이 사망에 이르게 한 경우 무기징역 또는 7년 이상의 징역형에 처한다.

(4) 현주건조물이 아닌 공용건조물방화죄의 경우

무기징역 또는 3년 이상의 징역형에 처해지게 되며, 공용이 아닌 일반건조물의 경우라면 2년 이상의 유기징역에 처해지게 된다.

(5) 불을 지른 일반건조물이 본인 소유일 경우

감경 처벌되어 7년 이하의 징역이나 1,000만원 이하의 벌금형이 내려지게 되는데 이 밖에 일반물건에 대한 방화죄의 경우라면 1년 이상 10년 이하의 징역형에 처해지게 된다.

❻ '잭'과 '타일러'의 '인질상해 · 치상죄'

1) 성격

인질상해, 치상죄는 "인질강요죄"를 범한 자가 인질을 상해하거나, 상해에 이르게 함으로써 성립하는 범죄이다. "인질강요죄"의 기수, 미수는 불문한다. "인질상해죄"는 "인질강요죄"와 "상해죄"의 결합범이고, "인질치상죄"는 "인질강요죄"의 결과적 "가중범"이다.

◀ [가중범]: 형벌이 더 무겁게 되는 범죄. 범죄행위가 행위자가 예견하지 못했던 중한 결과를 발생시켰을 때 그 결과로 인하여 형벌이 가중되는 범죄이다. "폭행치사죄"나 "고의"로 타인의 몸에 상처를 입혀 생명을 잃게 함으로써 성립되는 "상해치사죄(傷害致死罪)" 따위가 이에 속한다.

2) 미수의 인정 여부

(1) 인질상해죄(형법 제324조의3)

고의범이므로 당연히 "미수"가 인정된다. "인질상해죄"의 기수·미수는 인질강요의 기수·미수를 불문하고 상해의 기수·미수를 기준으로 결정된다.

(2) 인질치상죄(형법 제324조의3)

"인질치상죄"의 경우에도 미수를 인정할 수 있는가에 대해서는 긍정설과 부정설이 대립되어 있다. 과실범의 미수는 인정되지 않으므로 결과적 "가중범"의 미수는 부정하는 것이 타당하다.

(3) 인질살해, 치사죄(형법 제324조의4)

"인질살해", "치사죄"는 "인질강요죄"를 범한 자가 인질을 살해하거나 사망에 이르게 함으로써 성립하는 범죄이다. "인질살해죄"는 "인질강요죄"와 "살인죄"의 결합범이고, "인질치사죄"는 "인질강요죄"의 결과적 가중범이다. 본죄에 대해서는 감경규정이 적용되지 않는다. 고의범인 "인질살해죄"는 미수가 성립할 수 있으나, 결과적 가중범인 "인질치사죄"는 "미수"를 인정할 수 없다.

❼ '폭행과 상해'의 상관관계

1) 폭행죄가 성립하면 상해죄도 성립하는가?

폭행은 사람의 신체에 대해 유형력을 행사하는 행위이다.
즉, 신체에 공간적으로 근접하여 고성으로 폭언이나 욕설을 하는 행위의 경우에도 "폭행죄"에 해당한다.
한편, "상해"는 사람 신체의 생리적 기능에 장해를 일으키게 하는 것을 말한다. 즉, 가해자의 행위로 인해 병원에서 치료를 요하는 정도의 상해를 입은 경우에 "상해죄"가 적용된다. 따라서 고성으로 폭언을 하거나 치료를 요하지 않는 정도의 "구타"는 "단순폭행죄"에 해당하며, 단순폭행을 원인으로 나중에 생리적 기능에 장해를 일으켜 치료를 요하는 상해가 발생되면 피해자의 처벌의사와 관계없이 처벌되는 "폭행치상죄"가 성립한다.

2) 폭행치상죄는 폭행죄인가? 상해죄인가?

"폭행치상죄"는 폭행행위로 인해 피해자가 상해에 이르게 된 경우 성립되는 범죄이며, 이 죄는 "상해죄"의 처벌절차와 동일하다.

즉, 상해를 일으키지 않은 "단순폭행사건"의 경우 피해자가 가해자의 처벌을 원하지 않으면 가해자는 처벌되지 않지만, "폭행치상죄"의 경우에는 상해를 동반하기 때문에 "피해자"의 처벌의사와 관계없이 가해자는 처벌된다.

다만, 피해자와 가해자가 합의한 경우에는 처벌의 수위가 낮아질 수는 있다.

❽ 강도상해와 강도치상죄의 차이점

형법 제337조(강도상해, 치상) 강도가 사람을 상해하거나 상해에 이르게 한 때에는 무기 또는 7년 이상의 징역에 처한다.

1) 강도상해, 치상죄

강도가 사람을 고의나 실수로 다치게 했을 경우 성립하는 범죄다.

범죄의 특성상 일반 강도보다 가중하여 처벌한다. "강도상해죄"는 "강도죄"와 "상해죄"의 결합범, "강도치상죄"는 "강도죄"와 "과실치상죄"의 결합범이므로 엄밀히 따지자면 서로 같은 범죄라 할 수 없으나 비슷한 범죄이므로 같은 조에서 취급한다.

2) 범죄의 형량

"강도상해"는 강도가 고의로 상해를 입힌 것이어야 한다. "상해"나 "치상"은 강도의 폭행이 있어야만 성립되는 것은 아니며 그게 강도의 기회에 이루어진 것이면 된다. 미수범 역시 처벌한다.

법정형은 무기 혹은 7년 이상의 유기징역이다. 한때 국회에서 집행유예가 가능하도록 처벌을 5년으로 낮추자는 의견이 발의된 바 있으나 조용히 묻힌 듯하다.

헌법재판소는 강도상해죄 또는 강도치상죄를 무기 또는 7년 이상의 징역에 처하도록 규정한 형법 제337조가 헌법에 위반되지 않는다고 보았다. (헌재 2016. 9. 29. 2014헌바183 결정)

❾ 인질 납치범에 대한 형사 처벌규정

형법 제324조의2는 사람을 체포·감금·약취 또는 유인하여 이를 인질로 삼아 제3자에 대하여 권리행사를 방해하거나 의무 없는 일을 하게 한 자는 3년 이상의 "유기징역"에 처한다고 규정하고 있다.

"인질강요죄"는 인질을 체포하여 감금하는 행위, 그리고 "피해자"를 인질로 삼아 제3자에게 그 무엇을 강요하는 행위가 결합되어 성립한다. 이러한 두 가지 행위를 하나로 합쳐 "인질강요죄"라는 구성요건을 두고 있다. "인질강요죄"는 인질의 장소선택의 자유와 "피강요자"의 의사결정의 자유 및 행동의 자유를 보호법익으로 하고 있다. "인질강요죄"가 보호하는 정도는 침해범에 해당한다.

"인질강요죄"의 실행행위는 사람을 체포·감금·약취 또는 유인하여 이를 인질로 삼아 제3자에 대하여 권리행사를 방해하거나 의무 없는 일을 하게 하는 것이다. 지난 아프간사태에서 납치 범인들은 인질들을 납치해서 감금해 놓고, 아프간정부에 대해 탈레반 수감자들을 석방하라고 요구했다. 그리고 만일 자신들의 요구사항을 들어주지 않으면 인질들을 살해하겠다고 협박했다.

실제로 납치범들은 자신들의 요구가 관철되지 않자 인질 중 두 사람을 살해하였다. "인질강요죄"에서 인질로 삼는다는 의미는 인질의 생명·신체의 안전에 관한 제3자의 우려를 이용하여 석방이나 생명·신체에 대한 안전을 보장하는 대가로 제3자에게 강요하기 위해 인질의 자유를 구속하는 것을 말한다.

1) 인질범의 구속 형량

인질범이 인질을 상해하거나 상해에 이르게 한 때에는 무기 또는 5년 이상의 징역에 처하도록 하고 있다.(형법 제324조의3) "인질상해죄"는 "인질강요죄"와 "상해죄"의 결합범이고 "인질치상죄"는 인질강요죄의 진정결과적 "가중범"이라고 할 수 있다. 또한 인질범이 인질을 살해한 때에는 사형 또는 무기징역에 처하도록 하고 있다. 사망에 이르게 한 때에는 무기 또는 10년 이상의 징역에 처한다.(형법 제324조의4)

2) 인질범에 대한 형의 감경

형법은 인질범들이 인질을 안전한 장소로 풀어준 때에는 그 형을 감경할 수 있도록 규정하고 있다.(형법 제324조의6)

인질의 생명 신체 자유에 대한 안전을 확보하기 위하여 인질을 석방해 준 인질범에 대한 형을 감경할 수 있도록 한 것이다.

3) 미성년 납치·상해죄 형량 최대 13년 6개월로 상향

13세 미만의 미성년자를 납치한 뒤 다치게 할 경우 최대 징역 13년 6개월에 처할 수 있도록 양형기준이 강화되었다. 대법원 양형위원회는 제87차 전체회의에서 이 같은 내용의 '약취·유인·인신매매범죄 양형기준 수정안'을 확정했다고 2018년 6월 12일 밝혔다.

양형위원회는 13세 미만 미성년자를 약취·유인한 뒤 상해한 범죄의 경우 비난 가능성이 높아 보다 엄정한 처벌의 필요성이 있다고 "가중영역

상한"을 징역 5년에서 9년으로 상향했다. 특별조정을 할 경우 상한의 1.5배인 징역 13년 6개월까지 선고가 가능하다. 다만, 경미한 상해의 경우 "특별감경인" 자로 정했다. 또한 양형위원회는 사람의 신체를 다치게 해 사망에 이르게 할 경우 최대 12년의 "징역형"에 처할 수 있도록 "폭력범죄 수정 양형기준"을 심의·의결했다. "상해치사죄"의 가중영역 상한을 7년에서 8년으로 상향했고, 특별조정을 할 경우에는 상한의 1.5배인 징역 12년까지 선고가 가능하다.

"폭력행위" 등 처벌에 관한 법률 개정에 따라 삭제된 상습상해, 상습폭행, 상습협박에 대해서는 일반상해, 중상해, 일반폭행의 법정형에 포섭시키기 위해 가중영역의 상한을 상향했다. 일반상해의 가중 상한은 2년에서 2년 6개월로, 중상해의 가중 상한은 3년에서 4년으로 상향했다. 일반폭행의 가중영역 상한은 1년 6개월로 높아졌다.

4) 상해죄의 인정 여부의 판례

(1) 대법원 82도2588

상해죄의 성립에는 상해의 고의와 신체의 완전성을 해하는 행위 및 이로 인하여 발생하는 인과관계 있는 상해의 결과가 있어야 하므로 상해죄에 있어서는 신체의 완전성을 해하는 행위와 그로 인한 상해의 부위와 정도가 증거에 의하여 명백하게 확정되어야 하고, 상해부위의 판시 없는 상해죄의 인정은 위법하다고 판시했다.

(2) 대법원 2018도11225 상고심

2016년 6월 27일 오전 1시 15분쯤 서울 양천구에 있는 길에서 이씨가 친구와 이야기하는 것을 박 모(35)씨가 쳐다보자 이씨가 박씨에게 "왜 쳐다보냐"라고 말하면서 시비가 붙었다.

다툼이 커져 박씨가 자신이 일하는 정육점에서 약 29㎝ 길이의 칼(연마봉)을 가지고 와 이씨에게 휘두르자, 이씨는 이에 대항하여 주먹으로 박

씨의 몸통 부위를 수회 때리고, 박씨가 가지고 있던 칼을 빼앗아 박씨의
머리와 얼굴 부위를 수회 때려 전치 4주의 상해를 입힌 혐의(특수상해)
로 기소됐다. 그러나 1심은 이씨에게 유죄를 인정한 후 작량감경을 한
다음 징역 5월에 집행유예 1년을 선고했다. 특수상해죄를 규정하고 있는
형법 제258조의2 제1항의 법정형은 1년 이상 10년 이하의 징역이다. 또
법률상 감경을 규정하고 있는 형법 제55조는 유기징역 또는 유기금고를
감경할 때에는 그 형기의 2분의 1로 한다고 규정하고 있다. 이 같은 규
정에 따르면 이씨에게 선고할 수 있는 형량의 하한은 징역 6월이 되는
데, 1심이 이보다 낮은 형을 선고한 것이다.
박씨는 특수폭행죄가 적용되어 징역 4월에 집행유예 1년이 선고됐다.

⑩ 결론

‘파이트 클럽’의 주인공 ‘잭’과 ‘테일러’의 폭력과 폭행으로 시작하여 협박
과 기물파손까지 이어지는 범죄의 성립에 의하여 가중처벌(형을 더 무겁
게 하여 내리는 벌)을 면하기 어려울 것이다.

CINEMA 03
노이즈

패닉 룸 (2002)   01
파이트 클럽 (1999)   02
노이즈 (2004)   **03**
케빈에 대하여 (2011)   04
캐치 미 이프 유 캔 (2002)   05
블랙스완 (2010)   06
인썸니아 (2002)   07
목격자 (2017)   08
3096일 (2013)   09
뷰티풀 마인드 (2002)   10

"적응된다는 건, 무서운 일 일지도..."

노이즈

Noise

노이즈 Noise

장르: 코미디
감독: 헨리 빈
출연: 팀 로빈스(데이비드 오웬) / 브리짓
     모나한(헬렌 오웬)

• 등장인물

팀 로빈스
데이비드 오웬

브리짓 모나한
헬렌 오웬

이 영화는 감독인 '헨리 빈'이 '제작, 각본, 감독'의 역할을 온전히 다 맡아서 만들어낸 작품이지만 우리나라에서는 그가 감독이 아닌 각본을 맡았던 '원초적 본능2'가 더 많이 알려져 있다.

'헨리 빈'은 감독이나 각본가 외에도 때로는 배우의 역할도 하고 제작도하는 등 다양한 분야를 아우르고 있으며, 영화의 엔딩크레딧이 올라가면 이 작품이 왜 '스릴러액션'이 아닌 '코미디' 장르로 분류되어 있는지 의아해하는 관객과 '코미디'인 게 당연하다고 말할 관객으로 반반 나뉘지 않을까 싶다.

소음 때문에 일어난 고통을 소재로 한 영화 '일상의 소음' 그 이상의 '폭력적 소음'을 대상으로 영화를 시작하여 결국 결말의 해결은 '인과응보' 또는 '눈에는 눈, 이에는 이'라는 방식처럼 정말 타인에게 준 대로 돌려받는다는 강한 메시지를 담고 있는 영화이다.

'노이즈'가 주는 시사점은, '무책임하게 벌이는 하나의 행위가 누구에게는 심한 고통을 줄 수 있다'라는 사례와 '평소에는 그냥 소홀히 지나쳐 버렸던 일도 나에게 닥쳤을 때는 고통'이라는 것을 알게 한다는 것이다.

• 스토리 전개

주인공 '데이비드'는 평범한 집안의 가장이었지만 뉴욕 도시 전역에 울리는 경보기 소음이 미칠 듯이 거슬린다.

이웃의 불편에 대한 배려는 티끌만큼도 없이 울려대는 경보기 소음을 참다못한 '데이비드'는 어느 날 도저히 참을 수 없는 차량 경보기 소리를 없애기 위해서 타이어에 펑크를 낸다.

그리고 그것을 시작으로 해서 경보기를 떼 내려고 남의 차를 뜯어내고, 부수고 하면서 '개정자'라는 이름으로 2년 동안 수백 대의 자동차를 망가뜨린다.

'데이비드'의 이런 행위는 정신적, 심리적인 질환에 의한 것이 아니라 우리가 일상에서 흔히 사용하는 용어인 '스트레스'에서부터 시작이 되었다.

출처: Daum 영화 포토

그러므로 이제 'Noise'라는 단어와 'Stress'라는 단어를 좀 더 알아보려고 한다.

영화에서 만나보는 스트레스^{stress}

예전에는 '스트레스'의 어원이 라틴어 'strectus, stringere', '팽팽하게 죄다, 좁다'에서 유래됐고 원래 '비뚤어짐'을 뜻한다 라고만 알고 있던 이 말이, 20세기에 들어서는 개념이 확장되면서 '스트레스 요인과 이에 대한 신체의 반응을 합한 값'이라고 설명하게 되었고, 오늘날처럼 의학용어로 사용하게 된 것은 캐나다의 '한스 휴고 브루노 셀리에' 박사에 의해서다. 현대인들은 '스트레스'라는 단어를 특별하게 느끼지 않을 만큼 일상에서 늘 접하면서 살고 있는데, 그렇다면 스트레스가 없는 사람은 없는 걸까? 그리고 스트레스가 없는 사람은 건강하고, 스트레스가 있는 사람은 건강하지 못한 상태일까?

그 대답은 "아니다"이다.

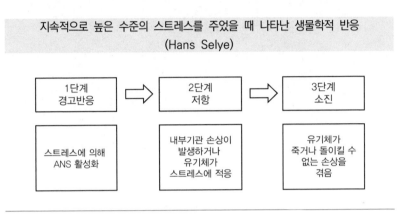

지속적으로 높은 수준의 스트레스를 주었을 때 나타난 생물학적 반응
(Hans Selye)

1단계 경고반응		2단계 저항		3단계 소진
스트레스에 의해 ANS 활성화		내부기관 손상이 발생하거나 유기체가 스트레스에 적응		유기체가 죽거나 돌이킬 수 없는 손상을 겪음

출처: 시그마프레스, 이상심리학, 139p.

일반적으로 우리는 나쁜 일을 통한 '부정적 스트레스(distress)'만을 '스트레스'라고 생각하기 쉽다. 하지만 좋은 일을 겪는 순간에도 적당한 긴장감이 가해지면서 기분을 향상시키는 가벼운 흥분감이 느껴지는 것을 경험할 수 있고 이런 것을 '긍정적 스트레스(eustress)'라고 한다.

그러므로 과한 스트레스가 신체에 부정적인 영향을 줘서 건강을 해칠 수 있는 것은 맞지만, 스트레스가 가해질 것을 두려워하면서 지나치게 회피하다보면 오히려 질병이 발생할 수 있기 때문에 적당한 스트레스, 긍정적 스트레스는 필요한 부분이기도 하다.

'부정적 스트레스와 긍정적 스트레스'는 다른 차원의 스트레스지만, 생리학적으로 보면 같은 경험을 하게 만든다. 다만, 지속시간과 반응에서 오는 파급력 등에 의해 신체적 건강에 미치는 결과는 매우 다르다.

대표적인 사례로, 요즘 유행하는 단어 '화이트 노이즈(white noise)'는 분명 시끄러운 소리나 잡음을 뜻하는 'noise'라는 단어를 사용하고 있음

에도 불구하고 '집중력을 높이는 잡음(백색소음)'이라고 표현이 될 정도
로 우리 신체에 끼치는 영향이 다르게 나타난다.

'백색소음'은 자연의 소리, 균등하고 일정한 주파수 범위의 소리, 심장박
동소리, 파도나 빗소리 등을 말하는데 '백색소음'이 주변의 소음을 중화
시키는 역할을 하고 심신의 안정을 준다고 알려져 있으므로 긍정적 스트
레스에 해당된다고 볼 수 있다.

우리가 흔히 말하는 '스트레스'의 증상들을 살펴보면,

심리적 증상	신체적 증상	동적 증상
불안, 걱정, 근심, 짜증 분노, 불만, 건망증 우유부단, 주의산만 좌절, 우울, 성급함	두통, 목의 경직, 복통 이갈이, 피부발진, 발한 속쓰림, 변비, 설사 현기증, 심근경색, 요통 백일몽, 수면장애	손톱 물어뜯기 발 떨기, 과식, 과음 흡연 증가, 거친 언행 자해, 타해 자살, 타살

스트레스와 질병이 연결되어 있다는 이론들은 부정적 정서와 같은 심리
적 요인들이 건강과 질병에 어떻게 영향을 미치는지를 이해하기 위해서
발전되었다.

예를 들면, 스트레스가 높아지면 흡연량이 늘고, 잠을 설치게 되거나 악
몽에 시달리며, 술을 많이 마시게 되고, 식사하는 양도 줄어들게 된다.
이런 문제들은 직접적인 관련은 없지만 이러한 행동 변화 때문에 질병에
걸릴 위험성을 높일 수는 있다.

이 관계성은 경제적으로 어려운 사람들 사이에서 여러 질병으로 사망률
이 높은 것과 관련됨이 입증되었으며 이 경우에 흡연과 과음 같은 행동
이 많은 것으로 Lynch 등에 의해 설명된다.

더욱이, 스트레스가 높으면 스트레스에 대한 심혈관계의 반응성의 변화

를 일으키거나 면역체계상의 변화를 가져올 수 있다.

그러므로 스트레스와 질병 간의 상관관계는 존재하지만 직접적인 효과라고 보지는 않는다.

우리는 스트레스를 가볍게 생각하고 넘기기도 하지만 스트레스가 신체적으로 영향을 미치기도 하고 심리적인 압박감을 주는 존재라는 것을 많은 매체를 통해서 익히 알고 있다.

그러나 다른 질병이나 장애에 비하여 우리의 건강에 소리없이 침투하기 때문에 얼마나 큰 영향을 줄 수 있는가에 대해서 심각하게 생각하지는 않는다. 일상생활에서 목이 뻣뻣하고 투통이 있고 어지러웠던 경험이 있다면, 스트레스를 방치해서 여러 가지 신체적·심리적 증상을 느끼는 일이 없도록 자가진단을 사용해 보자.

스트레스 자가진단 30

1. 머리가 개운하지 않다(무겁다).
2. 눈이 피로하다.
3. 가끔 코가 막힐 때가 있다.
4. 현기증을 느낄 때가 있다.
5. 가끔 기둥을 붙잡고 서 있고 싶을 때가 있다.
6. 귀에서 이명이 들릴 때가 있다.
7. 가끔 구강염이 생길 때가 있다.
8. 목이 아플 때가 있다.
9. 혓바닥에 백태가 끼어 있을 때가 있다.
10. 좋아하던 음식을 별로 안 먹게 된다.
11. 식후에 위에 무거워지는 것을 느낀다.
12. 배가 팽팽하거나 아프거나 한다.
13. 어깨가 무겁다.

14. 등골이나 배가 아픈 경우가 있다.
15. 만성적 피로감을 느낀다.
16. 최근에 체중이 감소되었다.
17. 무엇을 하든 쉽게 피곤하다.
18. 아침에 기분 좋게 일어나지 못하는 날이 있다.
19. 일 하는 의욕이 감소한다.
20. 잠드는 게 힘들다.
21. 손발이 찰 때가 많다.
22. 손바닥이나 겨드랑이에 땀이 많이 난다.
23. 사람을 만나는 것이 귀찮아진다.
24. 사소한 일에도 화가 난다.
25. 잦은 감기에 걸린다.
26. 가슴 통증을 느낄 때가 있다.
27. 가끔 가슴이 두근거릴 때가 있다.
28. 새벽 한 두시에 잠이 깬다.
29. 꿈이 많고 선잠을 잔다.
30. 갑자기 숨쉬기 힘들어질 때가 있다.

경제적 환경이 스트레스에 간접영향을 준다는 것을 이미 언급했지만 연구자들은 최빈곤층에 있는 사람들에게서 스트레스성 부수물이 가장 높다는 것을 발견했다.(Singer & Ryff)

또한 사회경제적 지위와 관계없이, 부모와의 관계가 긴밀하지 않거나 배우자와의 관계가 부정적이라고 보고한 사람들이 부모 및 배우자와의 관계가 긍정적인 사람들보다 스트레스성 부수물이 높다는 것을 발견하였다.

이런 발견은 사회경제 수준이 낮은 것이 만성적인 스트레스의 원천으로서 작용하여 신체에 부정적 영향을 미치기 쉬움을 알려 준다.

Mayes, Cochran, Bames의 연구에서는, 차별과 편견은 확실히 만성적 스트레스의 원인이며, 이러한 잘못된 사회적 여건은 사회경제 수준이 낮은 사람들뿐만 아니라 유색 인종에게도 지속적으로 영향을 미쳐서 결국에는 건강을 저해하게 된다고 했다.

오래전부터 지금까지 끊임없이 이어지는 인종문제와 흑백의 갈등으로 인해서 수많은 갈등과 스트레스가 존재하고 있는 우리 주변을 살펴보면 이 연구가 틀리지 않았다는 것을 알 수 있다.

우리는 '스트레스'라는 단어의 의미를 분리해서 말하지 않는다.

하지만 심리학에서, 외부로부터 압력이 가해지면 자동적으로 긴장하거나 흥분, 불안과 같은 생리반응을 보이게 되는데 이런 압력이 가해지는 것을 스트레스 '요인 또는 원인'이라고 하고 여기에서 벗어나서 원상복귀하려는 반작용을 스트레스 '반응 또는 증상'이라고 칭한다.

또한 스트레스의 특징은 남녀노소 누구나 경험하게 되는 것, 마음에만 영향을 주는 것이 아니라 신체에도 영향을 끼친다는 것이다. 급성 스트레스는 심박수가 빨라지고 혈압이 상승하는 것이며 만성 스트레스는 우울증 같은 정신장애의 발현을 촉진시킬수 있으니 스트레스를 결코 가볍게 생각하면 안 된다.

그 예로 미국의 모 감독은 스튜디오 경영주와 자신의 전 부인이 연인관계일 때, 그 경영주에게 감독으로 고용이 되었다.

그 사실을 알게 된 모 감독이 극한 스트레스를 받으면서 일시적으로 눈이 멀게 된 사례가 있었다.

이 사례처럼 외부로부터 스트레스가 가해지면 사람은 누구나 자신이 가지고 있는 대처방법을 사용하게 되는데, 이 대처방법에 있어 모두 건강한 방식 또는 부정적인 방식을 사용하는 것은 아니다.

평소 자신이 즐기던 취미활동에 많은 시간을 보내거나 신체적 활동을 통해서 스트레스를 긍정화하는 사람들도 있고 알코올 남용이나 약물남용, 외부와의 단절, 자살시도 같은 부적절한 접근 방법을 사용하기까지 다양하게 이루어진다.

*스트레스 관리

스트레스 관리는 다양한 기술을 포함한다.

스트레스 관리에는 다양한 기법들이 사용되는데 특정 대상에 대하여 대개 한 가지 이상의 기법이 사용되는 것이 보통이다.

- 이완훈련(relaxation training)

신체의 주요한 각 근육을 몇 군데 덩어리로 나누어 이들을 차례차례 긴장시켰다가 이완시키는 방식이다.

이 기법을 실제 생활의 스트레스 자극에 적용하도록 가르치는 것은 스트레스 수준을 낮추는 데 도움을 준다.

그러나 상당 기간 규칙적으로 하지 않으면 그 효과가 지속될지에 대해서는 불확실하다.

- 인지 재구조화(cognitive restructuring)

사람들의 신념체계를 변화시켜서 그 사람들의 경험을 부정적으로 해석하는 것을 줄여주는 접근방법이다.

- 행동기술 훈련(behavioral skills training)

시간관리라든가 효율적으로 우선순위를 정하는 것처럼, 자기주장기술을 포함해서 타인의 권리를 침해하지 않으면서 자신의 좋고 싫음을 표현하는 것이다.

- 환경을 변화시키는 방법

환경이 문제인 경우가 때때로 있으므로 환경을 바꾸기 위해 노력하는 것이 최선이다.

영화에서 찾아보는 법적 해석

소음 때문에 일어난 고통을 소재로 한 영화인데 "일상의 소음" 그 이상의 "폭력적 소음"을 대상으로 영화를 시작하여 결국 결말의 해결은 "인과응보", "눈에는 눈, 이에는 이"라는 타인에게 준 대로 돌려받는다는 것을 깨닫게 하는 영화다.

노이즈가 주는 시사점은 결국 하나의 행위가 누구에게는 심한 고통을 주는가 하면, 평소 그냥 소흘히 지나쳐 버렸던 일도 나에게 닥쳤을 때는 고통이라는 것을 알게 된다는 것이다.

'데이빗'은 '예카트리나'와의 하룻밤을 지내며 급격히 가까워진다. '데이빗'에게 직접 경보기 금지법을 만들자고 제안하는 '예카트리나'의 말을 듣고 '데이빗'은 지난날 도시의 모든 시끄러운 소리를 제거, 경보기 소리를 방치한 차주에게 소송을 거는데, 그 소음은 소송 사유로 충분하지 않아 처벌할 수 없다는 사유로 재판이 번번한 '기각'[소송을 수리한 법원이 그 심리 결과로 소송이 이유가 없거나 적법하지 않다고 판단하여 무효를 선고함]되자 급기야 기물을 파손한다.

30일 근신을 시작으로 모든 소리에 민감하게 되고, 부부싸움 - 부부의 갈등 - '에바'와 '데이빗'의 외도, 1만 불의 벌금 등, 결국 '데이빗'의 전과는 이렇게 시작되었다.

사진출처: Daum 영화

이 영화에서 우리는 두 사람이 똑같은 행위의 같은 사건 유형의 범죄행
위를 저질렀지만 시사점은 다르게 나타났음을 알 수 있다.

먼저 '데이빗'의 범죄행위는 '상습적 재물손괴와 기물파손죄'이다.

영화에서 타인의 물건, 문서 등을 고의로 부수거나 숨기는 장면을 심심
치 않게 보게 된다.

이처럼 타인의 재물과 물건을 부수거나, 숨기는 등의 범죄를 저지르게
되면 '재물손괴죄'에 해당하는데, 실제로 상대방과 다툼 이후 화를 참지
못하고 상대방의 물건(재물)을 부수는 등은 절도죄만큼이나 우리 일상생
활 속에서 빈번하게 일어나는 범죄이다.

❶ 재물손괴죄

1) 형법 제366조

타인의 재물, 문서 또는 전자기록 등, 특수매체기록을 손괴 또는 은닉 기
타 방법으로 효용을 해한 자는 3년 이하의 징역, 또는 700만원 이하의
벌금에 처한다. 위 형법 제366조에 따라 타인의 재물이나 문서 또는 전

출처: Daum 영화

자기록 등을 부수거나(손괴), 숨겨(은닉) 피해자의 효용을 해한 자는 3년 이하의 징역 또는 700만원 이하의 벌금에 처해진다.

또한 상대방이 곤란한 상황에 처하는 것을 알면서도 고의로 재물을 은닉하거나 손괴한다면 당연히 재물손괴에 해당한다.

2) "재물손괴죄"의 성립

예를 들어 상대방과 말다툼 이후 상대방의 차량을 발로 차거나, 핸드폰을 뺏어 던지는 등의 행동은 재물손괴로 간주한다. 또한 상대방의 애완동물에게 해를 입혀도 "재물손괴죄"에 성립된다.

"재물손괴죄"는 은닉하거나 손괴를 넘어서 타인의 효용가치를 잃게 하는 등에도 "재물손괴죄"가 적용되니 주의해야 한다.

하지만 고의가 아닌 실수로 상대방의 재물을 손괴하고 은닉한 것을 모를 때엔 "재물손괴죄"가 성립되지 않는다.

또한 타인의 재물에서 '공용물'은 대상이 되지 않는다. 법에서 따로 '공용물파괴죄' 등으로 규정하고 있다. 즉, '타인의 재물'이라고 규정하고 있으므로 공용이 대상이 되는 재물이 아닌 '타인의 재물'이어야 하는 것이다.

❷ 공용물파괴죄

1) 형법 제141조 제2항

공무소에서 사용하는 건조물·선박·기차 또는 항공기를 파괴함으로써 성립하는 죄를 말한다.

2) 공무소의 개념

'공무소'라 함은 국가 또는 공공단체의 사무소를 말하며, '건조물'이라 함은 가옥 기타 이와 유사한 공작물로서 지붕이 있고, 담 벽 또는 기둥으로써 지지되고 토지에 정착하여 사람이 그 내부에 출입할 수 있는 구조를 가진 것을 말한다. 공무소에서 사용하는 것이면 그 소유가 사유이건 공유이건 국유이건 불문한다.

3) '파괴'의 의미

'파괴'라 함은 주로 물질적인 손괴·훼손을 의미하나, 손괴보다는 그 정도가 큰 것을 의미한다. 그러나 주요 부분의 손상이나 효용상실 등을 발생하지 않고, 그 일부를 파괴하여도 이 죄는 성립한다. 본질은 손괴죄에 속하지만, 형법은 이 죄가 단순한 손괴죄가 아니고 공무를 방해하는 면이 있는 점을 중시하여 '공무방해에 관한 죄'의 장에 규정하고 있다. 이 죄를 범하면 1년 이상 10년 이하의 징역에 처한다.

❸ 형법 제42장 손괴의 죄 형량(참조)

1) 형법 제366조(재물손괴등)

타인의 재물, 문서 또는 전자 기록등, 특수매체기록을 손괴 또는 은닉 기타 방법으로 기 효용을 해한 자는 3년 이하의 징역 또는 700만원 이하의 벌금에 처한다.

2) 형법 제367조(공익건조물파괴)

공익에 공하는 건조물을 파괴한 자는 10년 이하의 징역 또는 2천만원 이하의 벌금에 처한다.

3) 형법 제368조(중손괴)

(1) 전2조의 죄를 범하여 사람의 생명 또는 신체에 대하여 위험을 발생하게 한 때에는 1년 이상 10년 이하의 징역에 처한다.

(2) 제366조 또는 제367조의 죄를 범하여 사람을 "상해에 이르게 한 때"에는 1년 이상의 유기징역에 처한다. 사망에 이르게 한 때에는 3년 이상의 유기징역에 처한다.[살인의 고의를 가지고 그 목적으로 물건을 손괴하였으면 당연히 살인죄다. 이 조항은 살인 고의 없는 손괴에서 살인의 결과가 발생했을 때 적용된다. 가령 홧김에 전선을 니퍼로 끊어버렸는데 이를 만진 사람이 감전사한 경우 등을 예시로 들 수 있다.]

4) 형법 제369조(특수손괴)

(1) 단체 또는 다중의 위력을 보이거나 위험한 물건을 휴대하여 제366조의 죄를 범한 때에는 5년 이하의 징역 또는 1천만원 이하의 벌금에 처한다.

(2) 제1항의 방법으로 제367조의 죄를 범한 때에는 1년 이상의 유기징역 또는 2천만원 이하의 벌금에 처한다.

5) 형법 제370조(경계침범)

경계표를 손괴, 이동 또는 제거하거나 기타 방법으로 토지의 경계를 인식불능하게 한 자는 3년 이하의 징역 또는 500만원 이하의 벌금에 처한다.

6) 형법 제371조(미수범)

제366조, 제367조와 제369조의 미수범은 처벌한다.

❹ 손괴 범죄행위의 개요

손괴는 타인의 재물을 손괴하거나(부수거나) 은닉해서(숨겨서) 그 효용을 해하는 범죄. 소위 '기물파손죄'가 바로 이 손괴죄에 해당한다.

영화 속 '데이빗'의 행위는 이러한 "기물손괴" 및 "파괴죄"에 해당될 것이다. 그러나 만약 회사 직원이 실수로 장비를 고장 내는 경우는 손괴 죄에 해당하지 않는다. 공장 직원이 장비를 조작하다가 실수로 고장을 내거나 파손했다고 해서 업주에게 고발당할 이유가 없다는 이야기이다. 회사 생활에 불만을 느껴서 고의로 재화를 파괴한다면 모를까 근무 중에 고장이 난 것은 해당하지 않는다. 손괴죄는 "친고죄 및 반의사불벌죄"가 아니다.

그 이유는 "재물손괴"는 그 피해를 회복하기 어렵거나 아예 불가능할 수도 있고 심지어는 피해자가 정신적인 피해까지 입는 경우가 생길 수도 있기 때문이다. 그렇기 때문에 자기 가족이 애지중지 키우던 애완견을 고의로 죽여 버렸다든가, 자기 집 가보로 물려져 내려오던 도자기를 고의로 깨뜨렸다든가, 자기 집 정원수를 고의로 베어버렸다든가 하면 제3자에 의한 고발로도 공소제기가 가능하며, 피해자가 처벌을 원하지 않아도 양형 과정에서 참작 사유가 되지만 처벌을 면하지는 못한다.

애완동물이 있는 사람들에게는 상당히 친숙한 법인데, 대한민국 법은 애완동물을 "재산으로 간주"해 "손괴죄"를 적용하기 때문이다. 기르는 동물을 단순히 재산으로 따지는 것은 현실에 맞지 않다며 개정 요구가 높아지고는 있지만, "동물학대죄"에 대해 징역을 가할 수 있도록 개정되었을 뿐 형법 제40조에 의해 상상적 경합이 적용되어 주인이 있는 동물의 경우 여전히 "손괴죄"로 처벌된다. 처벌수위는 동물학대(1년 이하)보다 < 손괴죄(3년 이하)가 훨씬 엄하다.

❺ "손괴죄"의 주관적 구성요소

본 "손괴죄"가 성립하기 위해서는 "손괴"의 "고의"가 있어야 한다. 손괴가 발생했지만 손괴의 고의가 전혀 없었던 경우. 즉, 과실에 의한 손괴는 어떤 법이 적용되느냐에 따라 다르다.

❻ 위법성 조각사유

어떤 사람이 자기 물건을 부수어 버리면 형사상 아무런 책임을 지지 않는다. 즉, 범죄가 아니다. 자기의 물건을 망가뜨리는 행위를 처벌하는 법은 존재하지 않기 때문이다. 하지만 남의 물건을 부순 경우에는 형법에 처벌조항이 있다. 바로 "손괴의 죄", 즉 "남의 물건"과 "망가뜨리는 행위(손괴)"는 손괴죄를 구성하는 요소이다. 그리고 그 구성요건을 만족하면 구성요건해당성이 있다고 말을 한다.

정리하자면 자기물건을 부수는 행위는 구성요건해당성이 없지만 남의 물건을 부수면 구성요건해당성이 있다. 범죄가 성립하려면 일단 이 구성요건해당성이 있어야 한다. 그런데 일단 구성요건해당성이 있으면 위법성이 있다고 추정된다.

남의 물건을 부순 행위는 보통 위법한 행위다. 하지만 남의 물건을 부술 만한 이유가 있는 경우가 있다. 화재가 난 건물에서 사람을 구하기 위해 유리창을 깨면 남의 물건을 부순 것이지만 사람의 생명을 구한다는 더 큰 이익이 있다. 이런 경우 "위법성이 조각"된다고 한다. 이때 "조각"이라는 단어가 생소할 텐데, '배척한다, 소멸한다, 사라진다'라는 뜻 정도로 받아들이면 된다. 이러한 위법성 조각사유에는 "정당방위", "긴급피난", "정당행위", "피해자의 승낙" 등이 있다.

❼ 영화 속 '데이빗'의 범죄행위

영화 속 '데이빗'의 경우 차량과 기물(남의 물건)을 상습적으로 손괴, 파손하였는바, 여기서 "상습적 범죄행위"라고 볼 수 있다. 또한 야간의 경우에는 법에서 다르게 처벌하고 있다.

즉, 야간에 상습적으로 타인의 차량을 파손하면 "재물손괴죄"에 해당이 되는데, 상습적인 경우에는 형량이 높다고 봐야 한다.

그런가 하면 재물파손의 경우 실수냐 고의냐에 따라서 죄가 정해지는데, 고의성이 있으면 "재물손괴죄"의 적용을 받게 될 것이라고 판단한다.

'데이빗'는 타인의 차량을 고의로 파손했으므로 "재물손괴죄"에 해당한다. 또한 계속적·반복적 행위인바, "가중처벌의 상습적 행위"이다. 법상 "재물손괴죄"는 3년 이하의 징역 또는 700만원 이하의 벌금에 해당한다. 단 범행 방법, 피해 정도, 피해자와 합의 여부 등에 따라서 처분 결정이 내려지는 사안이다.

1) '데이빗'의 범죄

일단 '데이빗'의 행위에 대해서는 "재물손괴" 및 "기물파손죄"가 성립될 것이라 추정된다.

2) 남의 차량을 파손하는 행위

상대측, 즉 남의 물건 또는 재물(자동차)을 손상시켰다면 그에 해당하는 보상을 해야 할 것이다. 이렇게 타인의 재물에 대하여 훼손이나 손상을 주었다면 응당 원래의 상태로 돌아갈 수 있는 정도의 손해보상이 필요할 것이다. 그러나 모르는 척 넘어 갔다고 하면 해당 죄로 처벌받게 될 것이다. 여기에서 재물손괴죄의 성립요건이란 남의 "기물"이나 "데이터" 등 재산이 되는 객체에 대해서 망가뜨리거나 은닉하여 다른 사람이 그 객체를 사용하지 못하게 하는 범법행위를 말하는 것으로 '데이빗'의 타인에 대한 차량파손 행위는 "재물손괴죄"로 형벌을 받게 된다면 3년 이하의 징역 또는 700만원 이하의 벌금에 처하게 될 것이다.

3) 공공장소의 물건을 파손한 행위

여기서 '데이빗'의 공공장소의 물건을 파손하는 행위에 대해서는 더 강한 처벌을 받게 될 것이다. 즉, 10년 이하의 징역 또는 2,000만원 이하의 징역 벌금형이 내려지게 될 것이다. 그런가 하면 이로 인하여 타인의 재산을 이용하지 못하도록 하는 것으로 처벌을 벌을 수 있는 것이며, 만약 재물손괴죄의 성립요건에 해당되는 행위를 저지르는 도중에 다른 사람에게 신체적으로 피해를 주었다고 한다면 터 큰 죗값을 받게 될 것이다. 또한 다른 사람에게 상해를 입혔다고 한다면 1년 이상의 징역에 처해지며, 만약 피해를 입은 사람이 사망에 이르게 되었다고 한다면 3년 이상의 징역에 처해지게 된다.

❽ 판례로 본 손괴죄

1) 판례

(1) 자동문을 자동으로 작동하지 않고 수동으로만 개폐가 가능하게 하여 자동잠금장치로서 역할을 할 수 없도록 한 경우에도 "재물손괴죄"가 성립한다.(대판 2016도9219)

(2) 피고인이 다른 사람 소유의 광고용 간판을 백색 페인트로 도색하여 광고 문안을 지워버린 행위는 재물손괴죄를 구성한다.(대판 91도2090)

(3) 손괴라 함은 물질적인 파괴행위로 인하여 물건의 본래의 목적에 공할 수 없는 상태로 만드는 경우뿐만 아니라 일시 그 물건이 구체적 역할을 할 수 없는 상태로 만드는 경우도 해당하므로 판결에 의하여 명도받은 토지의 경계에 설치해놓은 철조망과 경고판을 치워버림으로써 울타리로서의 역할을 해한 때에는 재물손괴죄가 성립한다.(대판 82도1057)

2) 손괴의 고의

(1) 재물손괴의 범의를 인정함에 있어서는 반드시 계획적인 손괴의 의도가 있거나 물건의 손괴를 적극적으로 희망하여야 하는 것은 아니고, 소유자의 의사에 반하여 재물의 효용을 상실케 하는데 대한 인식이 있으면 된다.(대판 93도2701)

(2) 피고인이 경락받은 농수산물 저온저장 공장건물 중 공랭식 저온창고를 수냉식으로 개조함에 있어 그 공장에 시설된 피해자 소유의 자재에 관하여 피해자에게 철거를 최고하는 등 적법한 조치를 취함이 없이 이를 일방적으로 철거하여 손괴하였다면 이는 재물손괴의 범의가 없었다고 할 수 없다.(대판 90도700)

❾ 사례로 본 재물손괴죄

사례1 이어폰을 끼고 우산을 들고 가던 A씨는 여자 친구를 만날 생각에 신이 나 우산을 돌리면서 약속장소를 향하게 된다. 여자 친구와 별 탈 없이 시간을 보낸 뒤 귀가하여 취침을 하게 되는데. 다음 날 경찰로부터 "재물손괴죄"로 고소당했으니 출석하라는 황당한 전화를 받게 된다. 사건의 정황을 살펴보니 A씨가 우산을 돌리면서 가던 중 차량에 스크래치를 내고 유유히 사라지는 블랙박스 영상이 있었다.

당황한 A씨는 자신은 일부러 그렇게 아니라고 억울함을 호소하였다.

이때 A씨는 상대방의 효용을 해할 목적으로 상대방의 차량을 손괴하지 않았으므로, "재물손괴죄"에 해당하지 않는다.

만약 A씨가 이어폰을 꽂지 않고 차량에 스크래치가 난 사실을 알고 갔다면 "재물손괴죄"인지 애매한 부분이 생긴다. A씨 입장에서는 억울한 부분이 있겠지만, 이에 해당한다면 벌금형의 처벌을 면하지 못할 것이다. 실수로 재물을 손괴하고 도망갔다면 효용을 해할 목적으로 간주하니 일상생활에서 조심 또 조심해야 한다.

사례2 애완동물과 산책하던 B양은 황당한 사건을 겪게 된다. 잠시 애완견을 묶어놓고 화장실을 다녀온 사이 C씨가 자신의 애완견을 때리고 있었다.

화가 난 B양은 C씨를 "재물손괴죄"로 고소하게 된다.

이때 B양의 애완견을 때리고 있던 C씨는 "재물손괴죄"에 해당되는 것이다. 또한, 물건에 낙서하거나 껌을 붙여 놓는 등 감정을 상하게 하는 경우도 "손괴죄"에 해당한다. "손괴죄"에서 물건의 효용을 해한다는 의미는 물리적으로 물건을 부순다거나 파괴하는 것에 국한되는 것이 아니다. 그래서 광고용 간판을 페인트로 칠해서 알아보기 힘들게 하는 행위, 스프레이로 담장에 낙서하는 행위, 자동차 타이어를 펑크 내는 행위, 철조망 울타리를 제거하는 행위 등은 재물의 효용을 해하는 행위로 간주한다.

CINEMA 04
케빈에
대하여

패닉 룸(2002)   01

파이트 클럽(1999)   02

노이즈(2004)   03

케빈에 대하여(2011)   **04**

캐치 미 이프 유 캔(2002)   05

블랙스완(2010)   06

인썸니아(2002)   07

목격자(2017)   08

3096일(2013)   09

뷰티풀 마인드(2002)   10

"익숙한 거랑 좋아하는 거랑은 달라.
엄만 그냥 나에게 익숙한 거야."

케빈에 대하여

We need to talk about Kevin

케빈에 대하여
We need to talk about Kevin

장르: 드라마 / 스릴러

감독: 린 램지

출연: 린다 스윈튼(에바) /

에즈라 밀러(케빈) /

존 C. 라일리(프랭클린)

• 등장인물

린다 스윈튼   에즈라 밀러   존 C. 라일리
에바   케빈   프랭클린

이 영화는 '라이오넬 슈라이버'라는 미국 작가의 원작 소설을 기반으로 만들어진 작품이다.

사진을 전공하고, 영화학 학위를 받은 감독 '린 램지'는 우리에게 익숙한 감독도 아니고 다작의 감독도 아니다.

하지만 그녀의 수상정보를 살펴보면 '케빈에 대하여'를 포함한 여러 영화로 다양한 영화제에 후보가 되기도 했고 감독상, 작품상 등의 수상경력을 가지고 있기 때문에 대단한 능력을 가지고 있는 영국의 거장감독이라는 평을 바로 인정할 수 있다.

'린 램지' 작품의 주 장르는 '드라마'지만 스릴러 드라마라고 말하는 '케빈에 대하여'를 보고 나면 섬뜩한 느낌마저 들면서 제일 먼저 떠오르는 단어가 '사이코패시, 사이코패스'이다.

실제로 원작 소설에서는 가족의 문제, 총기소지의 문제, 청소년 범죄 등 미국 내에서 벌어지고 있는 사회 문제들을 언급하고 있지만 영화에서는 누구도 대신할 수 없는 개성파 배우 '에즈라 밀러'의 강렬한 눈빛 안에서 '케빈'이라는 '사이코패스'에 초점을 맞추면서 그 원인이 무엇인지를 소상히 보여준다.

우리가 살고 있는 지금 시점에 정신적, 심리적으로 연관해서 많이 듣게 되는 단어들 중에는 '공황, 정체성, 스트레스, 사이코패스, 소시오패스'라는 용어들이 있는데, 이런 이상심리적 모습들이 영화의 소재로 자주 등장하는 이유는, 주변 지인들을 통해서는 많이 보이지 않고 일반적 시선으로는 이해하기 어렵지만 사회적으로는 예전보다 더 늘어나고 있기 때문이다.

때로는 영화나 드라마 또는 다큐멘터리 형식의 영상들을 통해서 접하기도 하는데 '케빈에 대하여'는 섬뜩하지만 안타깝기도 한 마음으로 관객의 눈길을 사로잡는다.

런던국제영화제, 칸국제영화제, 부산국제영화제 등에 초청돼 다양한 화제를 모은 이 영화를 본 우리는 '케빈'과 '에바'를 두고 '어떤 이야기, 어

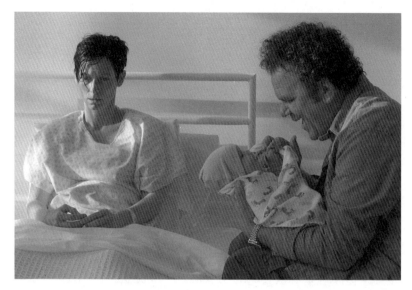

출처: NAVER 영화(포토, 스틸컷)

떤 생각을 나눌 수 있을까?'라는 궁금함을 남긴다.

• 스토리 전개

자유로운 여행가로 생활하다가 '프랭클린'과 만나 사랑을 나눈 '에바'는
아이를 원치 않았던 삶의 계획과 다르게 아들 '케빈'을 출산하게 된다.
그녀는 임신 기간부터 출산 당시까지도 태어날 아이에 대해 부정적이었
고 실제로 '케빈'이 생기면서 일과 양육을 동시에 해내야 하는 변화를 맞
으면서 180도 달라진 자신에 대해 힘겨워 했다.

그렇게 태어난 '케빈'은 자라면서 내내 어떤 것에 특별한 관심을 기울어
지도 않고 다른 아이들과 다르게 이유 모를 반항과 비뚤어진 행동을 하
면서 '에바'를 힘들게 한다. 에바는 엄마로서의 정체성에 혼란을 느끼며
케빈에게 좀처럼 정을 붙이지 못한다.

'에바'는 남편 '프랭클린'과는 원만하게 생활하지만 가족 중에서 유독 자

신에게만 마음을 주지 않는 '케빈'과 가까워지기 위해 애쓰지만 그럴수록 책임 아닌 사랑을 받기 위한 '케빈'은 더 교묘하고 서늘한 방법으로 고통을 준다.

어렸을 적에는 끊임없이 운다거나 배변 훈련 자체를 거부하거나 기저귀를 갈자마자 또 다시 똥을 싸버리기도 하고 여동생의 애완동물이 죽거나 주방 세척제가 여동생의 눈에 들어가 실명을 하게 되는 등의 일들이 벌어지면서 '에바'는 본능적으로 이것이 '케빈'과 관계가 있음을 알아챈다.

세월이 흘러 청소년이 된 '케빈'은 가족을 해치는 것은 물론이고, 학교 체육관에 모인 학생들에게 무차별적인 화살을 쏴서 죽거나 다치게 하는 범죄를 저지른다.

영화의 종결은 사건 발생 2년 후 '에바'와 '케빈'의 재회로 끝을 맺는다. 이웃의 비난과 폭행 속에 삶이 고단한 에바는 초월한 모습으로 '케빈'에게 왜 그랬느냐고 묻지만, '케빈'은 "한때는 그 이유를 알았다고 생각했지만 지금은 더 이상 모르겠다"고 답한다.

'에바'는 그런 '케빈'을 말없이 안아주고 교도소를 나온다.

사랑을 갈망했던 엄마 '에바'에게 평생 짊어지고 가야 할 끔찍한 짐을 지운 아들 '케빈', 여기서 우리는 영화의 포스터를 다시 살펴볼 필요가 있다.

영화의 포스터 라는 건, 무심코 지나칠 수 있는 한 컷의 사진 또는 종이 한 장에 불과할 수 있겠지만 이 영화에서 포스터의 제목을 살펴보면, 소제목이 'Mummy's little monster..' 라는 것을 발견할 것이다.

이것은 우리에게 무언가 사건이 발생하거나 지속적인 괴롭힘이 있을 거라는 것을 암시해준다.

그리고 '복선'이라고 표현하는 이런 암묵적 장면은 영화 전반에 걸쳐 여러번 제공된다.

예를 들면, 유년 시절의 '케빈'은 심하게 아팠던 적이 있고 그때 '에바'가 '케빈'에게 읽어주었던 책이 '로빈후드'이며 이후에 아버지 '프랭클린'에게 '활과 화살'을 사달라고 했다.

출처: Google 영화 이미지

이후 청소년으로 성장한 '케빈'은 크리스마스 선물로 성능이 좋은 제대로 된 '활과 화살'을 받게 된다.

그리고 아버지가 선물로 사준 그 활과 화살을 이용해서 아버지와 여동생, 학교 학생들을 살해한다.

여동생이 눈을 다치기 전에 '리찌'라는 과일의 등장 등은 온몸에 소름이 돋을 법하게 감독의 의도하에 설정된 장면들이다.

감독과 원작자 모두가 밝히길, '여성으로서 임신한다는 것' 그리고 '어머니가 된다는 것'에 대한 두려움을 반영하고자 했다고 하는데 주인공 '케빈'의 모습은 '사이코패스'라는 단어를 절로 떠오르게 한다.

영화에서 만나보는 사이코패시 psychopathy

'반사회성 인격(성격)장애'의 하위 범주에 속하는 '사이코패시'는 공감력과 죄책감이 결여되고 자기중심적이고 남을 잘 속이는 특징과 함께 대인관계에서는 공감력이 부족하고 죄의식이나 양심의 가책이 결여되어 있는 특징이 있다.

더불어 행동양식은 충동적이고 자기 행동에 대한 제어력이 부족하며, 책임감이 없어서 사회규범을 쉽게 위반한다.

이런 내용들은 반사회성 인격장애의 하위 범주에 속하는 만큼 공통되는 부분들이 많다는 것을 알 수 있다.

'필리페 휘렐'이라는 프랑스 정신과 의사가 '사이코패시'에 대해 최초로 저술하였고 독일의 심리학자 '쿠르트 슈나이더'가 '정신병리학적 사이코패스'의 개념을 설명했다.

'사이코패스(psychopath)'. '-path'는 '~의 결핍을 뜻하는 접미어이며 어원을 보면 마음이 결핍된 질병이라는 의미를 가진 또는 이러한 정신질환을 가진 사람을 부르는 용어다.

우리가 '사이코패스'에 대해 가장 많이 떠올리는 이미지가 있다면 아마도 인정사정도 없는 잔혹한 살인마, 죄의식도 없는 사기꾼, 제정신이 아닌 모습으로 앞뒤 가리지 않고 막무가내인 사람일 것이다.

실제로 '사이코패스'를 연구한 미국 '부르크하멜국립연구소'에 따르면 그들은 감정에 관여하는 전두엽이 일반인들처럼 활성화되지 않기 때문에 감정을 느끼는 데 매우 미숙하다고 한다.

이 말은 곧 상대방의 입장이 되어서 그의 입장을 헤아리지 못하고 이기적이며, 진중함이나 진실함이 없이 충동적이고 즉흥적인 행동을 한다는 것이다.

'사이코패스'는 주어진 환경에도 다양하게 적응하고 발현된다.

그렇기 때문에 어떤 특정계층에 속한 사람을 가리지 않고 찾아볼 수도 있다. '반사회적 성격장애'의 하위 범주로 분류되는 '사이코패스와 소시오패스'는 영화와 드라마 등에 단골손님처럼 등장하면서 대개의 경우 폭력적 성향으로 타인의 권리를 고려하지 않으며 죄책감을 느끼지 않는 사람으로 묘사된다. 하지만 이 두 가지는 명백히 다른 심리학적 용어다.

	사이코패스	소시오패스
공통점	−두드러진 징후를 나타내지 않는 한 쉽게 식별되지 않는다. −자신의 성격적인 결함에 대해 신경쓰지 않는다. −자신이 원하는 것을 얻기 위해 무모한 행동을 하거나 상대를 조종하려 든다.	
특징 & 차이점	−심리학적, 생물학적, 유전적 요인(감정을 관장하는 전두엽 영역 발달문제)이 작용할 때 이 용어를 사용한다. −철저한 계획을 세우고 의도적으로 행동한다. −죄책감, 후회가 없다. −공감능력이 부족하므로 대인관계 형성이 불가능하다. −애착의 결여, 무모하다. −사람들을 자신의 목표를 위해 사용하는 단순한 도구로 생각한다. −부정직하고 교활함도 있다. −감정조절이 어렵다.	−후천적인 사회적 환경(어린시절의 학대경험 등)으로 인한 결과로 간주될 때 이 용어를 사용한다. (의학계에서 공식적으로 인정되지 않은 명칭) −일관된 무책임 −신체적 공격성 −안전에 대한 무시 −거짓말과 속임수 −죄책감과 공감 측면에서 심각 상태를 덜 보인다. −주변 사람과 어느 정도 유대관계 형성이 가능하다. 그러므로 낯선 사람을 해칠 때 죄책감을 느끼지만 유대감을 가진 사람을 다치게 할 때는 감정을 느낀다.

미국 캘리포니아주 '새크라멘토 카운티 정신보건센터'에 근무하는 '마이클 톰킨' 박사가 말하길 두 가지의 차이를 가장 잘 구분하는 요소는 우리가 표 안에서 확인한 것처럼 소시오패스에겐 죄책감, 즉 양심이 있다는 점이라고 했다.

다시 말해서 사이코패스에겐 양심이 존재하지 않기 때문에 그들은 '감정이 없는 인간'이라고 알려져 있지만 그 표현보다는 '죄책감이 무엇인지를 이해하지 못 한다'는 것이 정확한 표현이다.

일반적으로 사이코패스를 다른 장애와 구별하기는 쉽지 않다.

그들은 감정연기에 능숙하고 사람들과 어울릴 때 스마트하고 매력있게 느껴지기도 하고 호의적으로 보이기도 한다.

그러나 그들은 오로지 목적을 위해서 이런 모습으로 타인을 이용할 뿐이다.

많은 관객들이 궁금하게 생각하는 한 가지는, 엄마 '에바'를 끊임없이 힘들게 했으면서도 죽이지 않고 살려두었다는 점이다.

이 부분은 '지그문트 프로이트'의 '오이디푸스 콤플렉스'를 들어서 이야기하기도 한다. '오이디푸스 콤플렉스'란 '어린 아이가 어머니를 독차지하려고 하거나 아버지를 증오하는 심리'인데 '케빈'의 극단적인 문제행동이 있을 때 엄마의 관심을 끌었다면 경쟁상대인 아버지와 동생을 모두 해쳐서 엄마의 모든 사랑을 독차지하고자 했다고 볼 수도 있다.

한 가지 참고할 사항은 사이코패스인 사람들이 항상 폭력적인 것은 아니라는 것이다.

드라마, 영화 등에서는 사이코패스나 소시오패스가 이유없이 선한 사람들을 죽이고 괴롭히는 것을 즐기는 것처럼 묘사되기도 하지만 목적을 위해 수단방법을 가리지 않을 뿐 대부분 폭력성향을 띠고 있지는 않다.

그들에 대한 단적인 표현으로 '킵니스' 박사의 말이 있는데, "최악의 경우에 그들은 냉정한 킬러가 된다. 하지만 살인자가 되지 않는다면, 그들은 이들을 짓밟고 꼭대기에 올라서는 비정한 승리자가 되기도 한다."고 설명했다.

📽️ 사이코패스와 관련된 참고영화
- 스텝 파더(The Stepfather)
- 나를 찾아줘(Gone Girl)
- 겟 아웃(Get out)

출처: NAVER 영화(포토, 스틸컷)

영화에서 찾아보는 법적 해석

'케빈'은 이미 15세 이전에 범죄에 대한 계획을 구상하고 있었는지도 모른다. 준비하고 계획했던 범죄?

아니면 정말 무차별적 살인? 짚고 넘어가지 않을 수 없다.

범죄의 발단은 정확히 말할 수 없지만 자물쇠를 사면서부터 이미 무언가 사전계획을 했다고 볼 수 있다.

'케빈'은 '살인죄'를 저질렀다.

게다가 살인죄 중에서도 가장 무거운 '존속살인죄', 그리고 무차별적 집단살인행위를 저질렀다.

❶ 존속살인죄

형법 제250조 제2항 : 존속살해죄에서 존속이란 자기 또는 배우자의 직계존속을 말하며 형법에서는 존속살해죄에 대한 처벌에 관하여 보통살인죄보다 무겁게 규정하고 있다. 여기서 말하는 직계존속이라 함은 사실상의 직계존속이 아닌 법률상의 직계존속을 말한다.

❷ 살인과 존속살인의 범죄 형량

1) 형법 제250조 제1항(살인)

사람을 살해한 자는 사형, 무기 또는 5년 이상의 징역에 처한다.

2) 형법 제250조 제2항(존속살인)

자기 또는 배우자의 직계존속을 살해한 자는 사형, 무기 또는 7년 이상의 징역에 처한다.

❸ 범죄의 주관적 구성요소

존속살해 사실에 대한 고의가 있어야 한다.

다시 말해서 가해자가 애초에 자기 아버지나 장모 등을 죽인다는 고의가 있어야 한다. 즉, "누군지 모르고 죽였는데 알고 보니 자기 부모님이더라"라고 하면 존속살해가 아니라 보통살인죄로 처벌한다.

❹ 존속살인죄의 처벌

어느 사회에서건 존속살해범은 아동유괴살해범, 연쇄살인범, 잔혹한 수법으로 저질러진 계획적인 살인범 등과 더불어 사회에 존재해서는 안 되는 절대악 명단에 올라있으며, 법도 이 점을 고려하여 정상참작 이유가 없을 경우는 대부분 무기징역을 선고한다.

과거에는 학대 등의 피해자가 아니면 사형이 원칙이었지만 현재는 사형 선고를 재판부가 가급적 하지 않는 경향이 있고, 무기징역을 선고해도 충분히 사회 복귀 차단이 가능하기 때문이다. 그러나 이것도 엄밀하게 이야기하자면 한국의 무기징역은 미국의 절대적 종신형과는 다르다.

비록 형법 개정으로 가석방 필요시간이 늘어났지만 20년만 있으면 가석
방 요건을 충족시킨다. 따라서 무기징역으로써 사회복귀 차단을 막는다
는 것보다도 국제인권법이나 전반적인 국제법의 추세 등을 따라가고 있
다고 봄이 타당하다. 다만 대부분의 존속살해는 무기징역을 선고받는 경
우가 의외로 드문데, 그 이유는 자녀가 정신이상인 상황에서 부모를 살
해하거나 혹은 오랜 세월에 걸쳐 학대 혹은 갈등으로 인해 욱해서 저지
른 경우가 많아 정상참작이 되기 때문이다.

❺ 묻지마 범죄의 내용

"범죄학"에서 보는 "묻지마" 범죄(무동기 범죄)는 사회에 대한 증오심으
로 아무런 인과관계나 동기가 없이 막연한 적개심을 불특정 다수인을 대
상으로 표출하는 범죄이다.
'케빈'의 체육관에서의 행위는 결국 '묻지마(무동기)' 살인사건이 되었다.
즉 "묻지마" 범죄는 피의자와 피해자와의 관계에 아무런 상관관계가 존
재하지 않거나, 범죄 자체에 이유가 없이 불특정의 대상을 상대로 행해
지는 살인 등의 범죄행위를 말한다.
하지만 엄격히 말해서 과실에 의한 범죄를 제외하고 범행의사가 있었던
만큼 거의 모든 범죄는 동기가 존재한다고 본다.
즉, 일정한 대상 없이 무작위로 무차별적으로 사람을 죽이는 것, 범행동
기도 없고 가해자와는 관계없는 불특정 다수에게 상해를 입히는 것이기
때문에 목격자가 없을 때 미궁에 빠지는 경우가 다수다.
한국에서 2000년대 중반부터 비교적 자주, 많이 벌어지고 있다. 기존에
는 잘 벌어지지 않는 범죄 양상인 데다, 대상을 가리지 않고 언제 어떻게
벌어질지 모른다는 점이 제일 무서운 부분이다.
이것이 최근 들어 더 주목받는 이유는 크게 특수성과 범죄 양상 때문이
다. 치정 살인일 경우 가해자의 범행 동기가 있고, 금전이나 기타 목적에
의해서 살인이 벌어지기에 범행 양상을 파악하고 범행 사례를 연구할 수

있지만 그런 경우 피해자가 처신을 하기에 따라선 범행 전에 피할 가능성도 어느 정도는 있다. 우발적 살인의 경우 말 그대로 뜻하지 않게 벌어지는 살인이라 어쩔 수 없지만, 그래도 우발적으로라도 시비가 붙거나 하는 경우를 피해가려면 피해가는 것도 가능하다.

하지만 "묻지마" 살인은 아무런 이유도 없고, 가해자와 아무런 연관도 없는 사람을 마구 죽이는 것이다.

피해자가 처신을 잘하든 아니든, 아니면 가해자보다 강하건 아니건 언제 어떻게 누가 죽을지를 알 수가 없다는 게 제일 큰 문제다. 사실, "묻지마" 범죄의 경우에는 범행의 동기가 특정 피해자 개인에 대한 원한, 치정과 같은 전통적인 범죄와 큰 차이가 나는 것을 강조하거나 구별하기 위한 의도가 숨겨져 있다고 볼 수 있다.

피해자와 가해자와의 관계가 명확하지 않고 불특정 다수인을 대상으로 행해지기에 "묻지마" 범죄라고 하는 것이지, 실제 그 동기는 불특정 다중이나 사회전반에 대한 증오심의 발로에서 기인한 것이기에 크게는 증오범죄, 편견범죄의 하나로 볼 수도 있다. 그러나 대부분의 사람들은 이러한 묻지마 범죄를, 말 그대로 동기가 없는 범죄라고 오해하곤 한다. '케빈'의 학교 강당에서의 활을 사용한 산발적인 범죄행위는 분명 묻지마 범행이라고 볼 수밖에 없다.

❻ 묻지마 범죄의 유형

묻지마 범죄자의 유형으로는 다음 3가지가 있다.
1) 사람이 많은 곳에 가서 범죄를 저지르는 단발적 범죄
2) 짧은 시간 내에 복수의 피해자를 살인하는 범죄(연속 살인)
3) 산발적으로 살인을 저지르는 범죄('케빈'의 범죄 유형)

❼ 묻지마 살인 국내사례

1) 진주 묻지마 살인사건

2019년 4월 17일 진주 "묻지마" 살인사건으로 범인 '안인득'의 흉기에 수차례 찔린 12세 아동 등 사망 5명 발생. 17일 새벽 경남 진주시의 한 아파트에서 화재가 발생한 후 대피하던 주민에게 흉기를 휘두르는 "묻지마" 살인사건이 발생했다.

경찰과 소방에 따르면 이날 오전 17일 오전 4시 32분께 가좌동 주공3차 아파트에서 방화로 추정되는 화재가 발생했고, 불을 피해 대피하던 주민 5명이 안씨가 휘두른 흉기에 찔려 살해되고 6명은 부상당한 사건이다.

2) 울산 삼산동 살인사건

울산 삼산동 "묻지마" 살인사건은 2014년 7월 27일 울산광역시 남구 삼산동에서 발생한 사건.

23세 장성환은 2014년 7월 27일 새벽 3시경까지 울산광역시에 있는 주점과 식당, 노래방 등에서 별거 중인 아버지와 함께 술을 마시다가 아버지로부터 "너는 돈도 안 벌어오고 뭐하는 것이냐"라는 말을 듣게 되자 홧김에 집으로 가 주방에서 칼을 챙겨 나와 울산 여러 곳을 2시간 넘게 배회하다, 2014년 7월 27일 오전 6시경 친구의 생일 파티 후 집으로 가려고 울산광역시 남구 삼산동의 한 대형 쇼핑몰 앞 버스 정류장에서 버스를 기다리던 18살의 여고생을 수차례 찔러서 살인했다.

그 직후, 장성환은 자해 소동을 벌였으나 생명에는 지장이 없었으며 도주하다 비명을 듣고 쫓아간 40대 남성 이 모씨에게 붙잡혔고 목격자의 신고를 받고 출동한 울산 남부경찰서 소속 경찰관에 의해 체포되었다. 경찰의 한 관계자는 "장씨가 무직 상태이고 부모님이 별거 중이라서 여러 가지로 스트레스를 많이 받은 것으로 추정된다"며 "일면식도 없는 여대생을 우발적으로 살해한 것 같다"고 말했다.

3) 강서구 묻지마 살인사건

강서구 "묻지마 살인사건"은 2018년 10월 14일 PC방에서 발생한 충동적이고 우발적인 살인사건이다. 당시 살인자는 "우울증"을 앓고 있음을 이유로 심신미약을 호소하며 선처를 요청했다.

4) 강남역 화장실 살인사건

'김성민'(34세)이 2016년 5월 17일 새벽에 서울특별시 서초구 서초동의 노래방 화장실에서 불특정한 여성을 칼로 찔러 살해한 사건이다.
대법원은 2017년 4월 13일 상고심에서 살인범인 '김성민'에게 징역 30년을 선고한 원심을 확정했다.

5) 신정동 옥탑방 묻지마 살인사건

초등생 7세, 11세 남매와 동갑내기 부부를 살해한 사건이다. 범인은 "웃음소리에 화가 나 살인했다"고 진술했다.

6) 1호선 의정부역 사건

2012년 8월 18일 30대 남성이 오후 6시경에 경기도 의정부시 수도권 전철 1호선 의정부역 승강장에서 갑자기 "묻지마" 테러로 흉기를 휘둘러 열차를 기다리던 승객 8명이 중경상을 입었다.
범인은 일용직 근로자인 38살 유 모씨로, 6시 30분경에 경찰이 출동해 제압, 현장에서 연행했다. 즉 30분 동안이나 흉기를 휘두르며 미쳐 날뛴 것이다. 불특정 다수에 대한 테러행위에 해당하는 예로, 잘못하면 2003년 대구 지하철 참사에 준하는 대형사고가 발생할 뻔하였다.
피해자 및 증인들은 이 유 모씨가 양주 역에서 탑승한 직후부터 이상한 분위기를 풍기면서 승객들을 협박하고 있었다고 증언했다.

7) 잠원동 살인사건

2010년 12월 5일 오전 6시 30분경 서울특별시 서초구 잠원동에서 귀가하던 김 모씨(26)는 아파트 입구에서 박 모씨(23)에게 흉기로 피습당했다. 박씨는 흉기로 김씨의 등, 허벅지, 옆구리를 찔렀고, 피 흘리며 달아나는 김씨를 뒤쫓다 큰 길로 들어서자 포기하고 점퍼에 달린 모자로 얼굴을 가린 후 평소 다니지 않는 길을 통해 집으로 돌아갔다. 가족들은 평소와 다름없이 게임을 하는 그를 보고 범행 사실을 전혀 눈치채지 못했다. 칼에 찔린 김씨는 오전 6시 30분쯤 집에서 200m가량 떨어진 천주교 교회 앞에서 발견돼 병원으로 옮겨졌으나 과다출혈로 숨졌다. 경찰은 CCTV 등을 분석해 탐문수사를 벌여 자택에 머물고 있는 박씨를 체포하였다.

❽ 묻지마 살인 외국의 사례

1) 미국

(1) 2012년 콜로도 극장 총기 난사사건

오르간에 위치한 극장에서 영화를 관람하기 위하여 모인 군중들을 향하여 무차별 발포, 이 사건으로 12명 사망, 58명이 부상했다.

(2) 2007년 버지니아 공대 총기 난사사건

2007년 4월 16일 오전 7시 15분경, 미국 버지니아주, 블랙스버그 소재 공대인 버지니아텍의 캠퍼스 기숙사인 존스턴홀 4층에서, 이 학교 학생 조승희(당시 23세)가 최초 학생 2명에게 총격을 가한 후 무차별 총기난사하여 이 사건으로 범인 포함 33명이 총상에 의하여 목숨을 잃었고 17명이 부상을 입었다. 사건의 범인은 재미 한국인 조승희로 버지니아 공대에 재학 중이었으며 사건 직후 난사하던 총기로 자살했다.

(3) 1999년 콜럼바인 고교 총기 난사사건

에릭 해리스(18세)와 딜런 클린볼트(17세)라는 이름의 두 학생이 학교에 총을 들고 와 900여 발의 실탄을 난사하면서 13명을 살해하고 21명의 사람들을 부상입혔다.

2) 일본

(1) 가나가와 마사히로 사건

가나가와 마사히로는 2008년 3월 19일부터 3월 23일까지 2명을 살해하고 7명에게 부상을 입힌 "묻지마 살인범"으로 그해 6월 벌어진 '가토 도모히로'의 범행과 10월 한국에서 벌어진 논현동 고시원 살인사건에 비해 상대적으로 피살자가 적어 묻힌 감이 있지만 죄질은 훨씬 나쁘다.

(2) 어둠 사이트 살인사건

범인이 어둠 사이트에서 동조자를 모아 여자 회사원을 "묻지마"로 살해한 사건. 강탈한 돈이 고작 6만엔에 불과한 등 강도살인이라기보다는 "묻지마" 살인에 가깝기에 이 항목에 넣었다. 일본 정부도 "묻지마" 살인으로 분류하여 피살자가 1명이지만 사형이 가능한 사건으로 분류하였고, 주범 간다 츠카사의 사형을 형량 확정 6년만인 2015년 6월 25일에 전격 집행했다.

(3) 우와베 야스아키 사건

1999년 시모노세키역을 범행 대상으로 선정. 차를 몰고 개찰구로 돌진하여 2명을 숨지게 했으며 이후 "묻지마" 칼부림으로 3명을 추가로 살해했다. 범행 동기는 다쿠마 마모루나, 가나가와 마사히로, 가토 도모히로 등과 차이가 없었으며 2012년 사형이 집행되었다.

3) 대만 여아 참수사건

2016년 3월 28일, 대만 타이페이에서 발생한 살인사건으로, 유모차를 밀던 엄마와 함께 자전거를 타고 골목길을 가던 류(劉) 모양(만 4세)의 목을 왕징위(王景玉, 33세)가 뒤에서 중식도로 수차례 내려쳐 류양이 그 자리에서 사망한 사건이다. 당시 엄마와 류양의 거리는 고작 1m 밖에 안 됐고, 엄마가 범인에게 매달려 떼어내려고 했지만 떼어낼 수 없었다. 도움을 요청하는 엄마의 소리를 들은 주변의 시민들이 일제히 달려들어 피의자를 제압했으나, 류양은 이미 목에 심한 손상을 입고 사망한 상태였다. 2017년 5월 12일, '왕징위'는 사형이 아닌 무기징역을 선고받으면서 대만에서 논란이 일었다. 담당 판사는 사형이 마땅하나 범인이 망상장애를 앓고 있으며, "조현병" 환자의 범죄에 대한 감형은 판사의 재량이 아니라 법률상 반드시 감경해야 했기 때문에 대안으로 선고 가능한 법정최고형인 무기징역을 선고한다고 밝혔다.

4) 뉴질랜드 이슬람 사원 테러

2019년 3월 15일 뉴질랜드 크라이스트처치의 모스크 2곳에서 일어난 극우 반이슬람주의 총기난사 테러 사건. 최소 50명의 사망자가 발생했다. 뉴질랜드에서 벌어진 강력사건으로는 그야말로 전무후무한 충격적인 사건이라서 반자동 소총 유통 금지 조치에 대해 반발하는 여론조차 일어나지 않았다. 사건 이후 뉴질랜드 총리가 직접 반자동 소총의 판매를 금지시키겠다고 공언하였다.

5) 영국 "던블 레인" 총기 난사사건

1996년 3월 13일 오전 9시 35분경, 토마스 헤밀턴(43세)이 영국 덤블레인의 한 초등학교 체육과에서 총기를 난사하여 어린이 16명과 교사 1명을 살해 후 스스로 목숨을 끊은 사건이다.(어린이 16명은 현장에서 사망, 부상자 중 한 명은 병원에서 사망)

6) 핀란드 헬싱키 총기 난사사건

2007년 1월 7일 오전 11시 40분경, 핀란드 투슬라 지방 요라 고등학교에서 이 학교 학생인 "페카 에릭오피넨"(18세)이 평소 괴롭힘을 당한 것에 대한 불만을 품고, 학생들과 교사를 향하여 약 20여 분간 총기를 난사하여 학교 교장과 학생을 포함한 총 8명을 살해하고, 11명의 학생들에게 부상을 입힌 사건이다.

❾ 묻지마 범죄자의 일반적 특징

"묻지마" 범죄를 이해하려면 범행 특성을 살펴보는 것이 중요한데, 살인과 상해가 대부분을 차지한다. 또한 절반 이상의 가해자가 범행 당시 음주와 약물, 본드를 한 것으로 나타났다.

범행 동기로는 환각이나 망상으로 범죄를 저지른 사례가 26.5%로 가장 많았으며, 재미나 자기과시, 이유 없음이 25%, 분풀이와 스트레스 해소가 23.5%였으며, 사회 불만과 상대방의 의도를 잘못 해석한 것도 각각 8.8%를 차지하였다. 또한 범행 당시 분노의 감정을 느낀 가해자가 대다수를 차지하였으며, 이 밖에 초조, 불안, 우울감 등의 정서가 동반된 것으로 나타났다.

"묻지마" 범죄자의 어린 시절은 사회화 과정에 절대적 영향을 미치는 부모와의 경험이 안정적이지 못한 것으로 판단된다. 형사정책연구원의 연구에서도 이를 확인할 수 있는데, 자료상 부모의 존재를 확인할 수 없는 경우를 제외하고 부모가 둘 다 있는 경우는 절반에도 미치지 못한다고 한다.

"묻지마" 범죄자의 일상생활을 살펴보면 다음과 같다.

혼자서 밖을 돌아다니며 하루를 보내거나 술이나 마약에 탐닉하는 경우, 하루 대부분을 집안에서 머물며 시간을 보내는 경우, 친구들과 어울려 돌아다니는 경우, 게임이나 도박으로 시간을 보내는 경우가 대부분이었다. 학교나 직장생활 등을 통해 규칙적인 생활을 한다고 응답한 가해자는 극소수에 불과해 적절한 사회활동이 없는 것으로 보이며, "묻지마" 범죄자의 상당수가 정신질환을 앓고 있고, 또 일부는 전과가 있기 때문에 병원이나 교도소 등의 기관에서 초기에 적절히 개입했다면 이들의 범죄를 막을 수도 있었을 것이라고 한다.

특히 "묻지마" 범죄자는 불특정인을 대상으로 범죄를 저질렀고, 범죄

동기가 일반적인 상식으로는 이해할 수 없는 부분이 있다.

그렇지만 동기가 전혀 없는 것도 아니고 "대다수가 매우 어려운 환경에서 사회화 과정을 겪었기 때문에 이들을 양지로 불러내 적절한 사회적 접촉을 통해 비상식적인 사고 체계를 현실적 규범으로 검증해 줄 기회가 부여되어야 한다고 한다."

[논문, "묻지마 범죄자"의 특성 이해 및 대응방안연구(2013), 윤정숙, 참고]

CINEMA 05

캐치 미
이프 유 캔

패닉 룸(2002)   01

파이트 클럽(1999)   02

노이즈(2004)   03

케빈에 대하여(2011)   04

캐치 미 이프 유 캔(2002) 05

블랙스완(2010)   06

인썸니아(2002)   07

목격자(2017)   08

3096일(2013)   09

뷰티풀 마인드(2002)   10

"두 마리의 쥐가 우유통에 빠졌습니다.
첫 번째 쥐는 우유통에서 허우적 대다가
지쳐서 우유에 빠져 죽어버렸습니다.
두 번째 쥐는 우유통에서 빠져나오기 위해
계속 헤엄쳤습니다.
결국 두 번째 쥐는 우유를 치즈로 만들어
통에서 빠져나왔습니다.
우리는 두 번째 쥐입니다."

캐치 미 이프 유 캔

Catch Me If You Can

캐치 미 이프 유 캔
Catch Me If You Can

장르: 범죄 드라마 / 스릴러

감독: 스티븐 스필버그

출연: 레오나르도 디카프리오(프랭크
    아비그네일 주니어) /
    톰 행크스(칼 핸레티) /
    크리스토퍼 월켄(프랭크의 아버지)

• 등장인물

레오나르도 디카프리오	톰 행크스	크리스토퍼 월켄
프랭크 아비그네일 주니어	칼 핸레티	프랭크의 아버지

16살에서 21살까지 5년 동안 26개 국 50개 주를 돌며 사용한 위조수표
는 모두 2백 5십만 달러.

1969년 프랑스에서 체포된 후 프랑스와 스웨덴, 그리고 미국에서 수감생
활을 했던 '프랭크 W. 아비그네일 주니어'라는 전설적 인물의 실화를 바
탕으로 한 영화가 '캐치 미 이프 유 캔'이다.

'프랭크'가 스스로의 능력에 대해 얼마나 자신감이 팽배했는지는 영화의
제목만 보더라도 짐작이 가능하다.

그가 미연방법원에서 재판을 받을 당시만 해도 미성년자 보호법에 의거
해서 12년형을 선고받았지만 수감 생활 5년 후 자신의 천재적 재능을 연
방정부를 위해 사용한다는 전제하에 석방된다.

그리고 그 후 25년간 FBI 아카데미와 정부기관에서 이론과 실무를 가르
치기도 했고 금융사기 관련 많은 범죄를 해결하기도 했다.

그는 미국 CNN 파이낸셜 뉴스가 선정한 'Pinnacle 400'에도 올랐고 자
신의 이야기를 자서전으로 써서 베스트셀러가 되기도 했는데, 천재의 자

출처: Google 이미지

서전은 발간 직후 영화 제작책임자 '토니 로마노'에 판권을 넘겼다.

더 이상의 말이 필요 없는 감독 '스티븐 스필버그'가 이름만으로도 믿을 만한 명배우들과 함께 이 작품을 영화로 만들게 되었을 때는 진심으로 기뻐했다고 한다.

16살의 시점이었을 당시에 작가와 4시간 정도의 인터뷰만으로 책을 쓰다 보니 많은 부분에서 작가의 도움을 받게 되고 작가의 타입으로 각색을 거치게 된다.

사실상 영화 속에서는 가출 이후 아버지를 만나지만 실제로는 한 번도 만난 적이 없는 점, 돈의 단위 등이 사실과는 차이가 있지만 기본적인 삶의 여정이 흥미롭게 눈여겨 볼 만하다.

• 스토리 전개

전학 첫날부터 괴롭힘을 당했고, 괴롭힌 학생을 골려 주기 위해 프랑스어 수업 시간에 선생님으로 위장, 1주일 동안 전교생을 골탕먹인 당돌한 10대 '프랭크(레오나르도 디카프리오)'.

부모의 이혼으로 무작정 가출한 '프랭크'는 본격적으로 남을 속이는 천재적 재능을 발휘하기 시작한다.

파일럿을 취재하는 학생기자라는 거짓말을 하며 파일럿 취재를 통해 항공사의 허점을 알아낸 '프랭크'.

유명 항공사의 부조종사로 위장하고 모든 항공 노선에 무임승차는 물론 회사 급여수표를 위조해 전국 은행에서 140만 달러를 가로챈다.

하지만 21년의 FBI 베테랑 요원 '칼 핸레티(톰 행크스)'에게 꼬리가 밟히게 된다. 그는 '프랭크'의 뒤를 쫓고, 오랜 추적 끝에 드디어 혈혈단신 '프랭크'의 호텔방을 덮쳤지만 '프랭크'는 능청스럽게 비밀정보국 요원을 사칭하며 유유히 빠져 나간다.

증거물을 챙긴다며 위조수표에 사용했던 기기들까지 챙겨 들고...

뒤늦게 겨우 17살의 고등학생에게 자신이 속았음을 깨달은 '칼'은 자존심

회복을 결심하고 마침내 프랭크의 가족을 찾는다.

한편 '프랭크'는 다시 직업을 의사로 사칭하고 간호사와 사랑에 빠져 그녀의 변호사 아버지를 만나게 되자 다시 변호사로 사칭하게 된다.

이런 끊임없는 사기 행각을 벌이던 '프랭크'는 자신의 결혼식날 잡힐 뻔하지만 위장요원을 따돌린다.

'프랭크'는 결국 '몽샹드'라는 프랑스의 작은 마을 인쇄소에서 프랑스 경찰에 체포된다.

그리고 얼마 후 수사관 '칼'에 의해 미국으로 압송되는 비행기 안에서 그가 가장 사랑하고 존경하던 아버지가 돌아가셨다는 소식을 듣고 생모를 찾아가지만 뒤쫓아온 수사대에 재체포되어 유죄 판결을 받는다.

그는 비록 미성년자 때 저지른 일이었음에도 미국의 법률을 철저히 농락한 죄목으로 12년 형을 선고받고 가장 엄중한 중범죄자 교도소에 수용된다.

영화를 보는 내내 관객들은 "저게 가능한 얘기일까?"라는 의문을 가질 수밖에 없다.

왜냐하면 그정도의 기발한 생각을 끊임없이 하고 뛰어난 순발력과 위기 대처능력이 탁월한 범죄자의 나이가 불과 17세라는 점과 미국 변호사시험을 2주 공부하고 합격했다는 점, 의료계에 들어가서 전문용어를 이해한 점 등 영화가 아니면 불가능할 것 같은 스토리이기 때문이다.

하지만 더 놀라운 점은 주인공 '프랭크'가 실존인물이라는 것과 영화의 이야기가 실화를 바탕으로 제작되었다는 것이다.

결과적으로 '프랭크 아비그네일 주니어'는, 그를 미워할 수만은 없었던 '칼 핸러티' 수사관의 도움으로 삶의 전환기를 맞는다.

그는 25년 이상 FBI 아카데미와 정부기관에서 금융범죄에 관한 이론과 실무를 가르치며, 오늘날 금융사기 예방과 문서보안 분야의 최고 권위자가 되었다.

자료에 의하면 그는 매년 금융사기에 관한 국내외 세미나에 참석해 주제 발표를 하고, 금융기관, 법률회사 등을 위한 금융사기, 수표위조 방지용 교육과정과 매뉴얼을 만들었다.

천재적인 사기꾼 '프랭크'는 실제로 1998년 'CNN 파이낸셜 뉴스가 선정한 최정상급 인사 400인' 중의 한 사람으로 선정되기도 했다.

그러나 이런 대단한 두뇌와 공적을 가진 '프랭크'의 청년기엔 수많은 사기를 저지르고 사람들을 속이면서도 양심의 가책이나 수치심을 느끼지 않는 모습을 놓고 본다면 '반사회성 인격(성격)장애'를 논해볼 만하다.

사실 정신적·심리적 장애들이 공통되는 부분을 많이 가지고 있어서 어디에 속하는가에 대한 분류는 정확한 임상진단이 필요하지만 그들이 가지고 있는 기본 특성들을 알아보는 것은 삶에 대한 대처가 될 수도 있지 않을까.

영화에서 만나보는 반사회성 성격(인격)장애 antisocial personality disorder

반사회성 성격장애의 영문명을 보면 'anti' 그리고 'social'이다.

anti의 뜻은 '어떤 대상에 대해 반대'이고, social은 '사회적인'이다.

그렇다면 더 이상의 설명이 필요없이 명칭에서부터 '사회적이지 않다'는 의미를 확실히 설명하고 있는 것이다.

반사회성 성격장애를 가진 사람들은 청소년기와 성인기 때의 다양한 행동을 총괄하는 사회적 규범을 따라갈 수 없는 상태다.

반사회적이고 범죄적인 행동이 특징이지만 범죄성과 동일한 뜻은 아니다.

그들은 외부적으로 침착하고 자신감 있어 보이지만 이면에는 불안감, 적대감, 난폭함, 분노 등이 내재되어 있다.

좀 더 상세히 설명하자면 정상적인 사람으로 보일 때가 많으며, 심지어는 매력적이고 호감을 주는 인상을 갖고 있기도 하다.

하지만 거짓말, 결석, 가출, 절도, 싸움, 물질남용, 기타 불법행위가 전형적으로 관찰되며 대부분 이런 양상은 유년기에서부터 시작된다.

자신의 반사회적 행동에 대해서는 말도 안 되는 합리화를 하지만 망상이나 비논리적 사고는 없다.

사실상 현실검증력이 온전하고 특히 언어적 지능이 상당히 우수하다는 인상을 받곤 한다.

또한 이들은 도덕적 규범을 따르지 않고 이러한 행동에 대해 후회하지 않기 때문에 양심이 결여된 듯이 보인다.

일반 사람에게 반사회적 성격장애 환자는 흔히 사기꾼으로 알려져 있다.

요약해서 말하면 '반사회성'이란 사회의 규범이나 질서 또는 이익에 반대되는 성질을 말하므로 '법적으로 위배되는 행동은 물론, 도덕적으로 위배되는 행동까지 모두를 포함하는 개념이다.

도덕적 개념이 없거나 감정이입 능력이 상당히 낮아서 타인의 권리나 도

덕을 무시하고 침해하는 행위들에 대해 잘못됐다는 생각을 거의 하지 않
는 것이 특징이고 반복적 범법 행위, 거짓말, 충동성, 공격성 등을 보인다.

반사회성 성격장애 진단기준(DSM-IV)

A. 15세 이후에 시작되고, 다음에 열거하는 타인의 권리를 무시하거나 침해
   하는 광범위한 행동양식이 있으며, 다음 중 3개 (또는 그 이상) 항목을
   충족시킨다.
   (1) 법에서 정한 사회적 규범을 지키지 못하고, 구속당할 행동을 반복
       하는 양상으로 드러난다.
   (2) 개인의 이익이나 쾌락을 위한 반복적인 거짓말, 가명을 사용한다거
       나 타인을 속이는 것과 같은 사기
   (3) 충동성 또는 미리 계획을 세우지 못함
   (4) 빈번한 육체적 싸움이나 폭력에서 드러나는 과흥분성과 공격성
   (5) 자신이나 타인의 안전을 무시하는 무모성
   (6) 일정한 직업을 갖지 못하거나 채무를 청산하지 못하는 행동으로 드
       러나는 지속적인 무책임성
   (7) 자책의 결여, 타인에게 상처를 입히거나 학대하거나 절도 행위를
       하고도 무관심하거나 합리화하는 양상으로 드러남
B. 연령이 적어도 18세 이상이어야 한다.
C. 15세 이전에 발생한 품행장애의 증거가 있어야 한다.
D. 반사회적 행동이 정신분열증이나 조증 삽화(manic episode) 경과 중에
   만 나타나는 것이 아니어야 한다.

반사회성 성격장애는 개인의 삶의 여러 영역에 연루되며 단편적이고 자
기중심적인 시각에서 세상을 평가하고 자신의 잘못된 행동을 좀처럼 인
정하지 않기 때문에 치료적 동기가 매우 낮다.

그리고 증상이 가장 많이 나타나는 시기는 청소년기 후기이지만, 일단

발현되면 매우 오래 지속된다.

정식명칭이 '사이코패스'였던 것과 달리 미국정신의학회(정신질환진단) DSM – III부터 이름이 바뀌었다.

워낙 사이코패스가 유명하다보니 반사회적 성격장애와 사이코패스를 동일하게 생각하는 사람들도 많은 반면에 특성을 보면 '품행장애'와 다수 겹치는 내용도 있다.

많이 언급되는 원인으로는 뇌 신경전달물질 분해 효소를 만들어내는 유전자의 활동이 낮은 어린이들이 자라서 반사회적인 문제를 더 많이 일으킨다는 것, 그리고 이들의 뇌에서 의사 결정이나 행동을 조절하는 전전두피질의 회색질 부피가 감소했다는 보고를 종합하면 사이코패스, 품행장애, 반사회성 성격장애 등은 공통분모가 많다는 것을 알 수 있다.

실제로 반사회적 성격장애는 정신의학에서 사용되는 DSM을 기준으로 폭넓게 분류된 정의이며 주로 범죄를 일으키는 사람을 규정하고 있어서 범주가 넓다. 그렇기 때문에 일반적으로 반사회적 성격장애의 10~20% 정도가 사이코패스로 여겨지기도 한다.

대부분의 반사회적 행동은 사회규범을 위반하기 때문에 많은 연구자들은 사회화의 근본적 요인인 가족연구에 초점을 두고 있다.

부정적 성향이 높고, 온정이 부족하며, 부모의 행동에 일관성이 없으면 반사회적 행동이 예견된다는 것이다.

여기서 '프랭크'의 부모를 살펴보자.

어머니는 아버지와의 계속된 불화로 이혼을 한 후 안정적이고 부유한 남자와 재혼을 하고 '프랭크'의 어린 이복동생도 두었다.

반면에 아버지는 '프랭크'에게 모범적인 아버지처럼 보이면서도 우유통에 빠진 생쥐 이야기를 일삼으면서 탈세를 한다.

결과적으로 우유통에 빠진 생쥐가 살아나올 수 있었던 것은 탈세와 사기와 위법행위에서 비롯된 것이었다.

반사회성 장애와 관련된 참고영화
- 케이프 피어(Cape Fear)
- 악마를 보았다(I saw The Devil)
- 노인을 위한 나라는 없다(No Country For Old Men)

영화에서 찾아보는 법적 해석

실존 인물인 희대 최고의 '사기꾼'을 이야기한 영화라서 더 놀랍고 흥미로운 '캐치 미 이프 유 캔'.

수시로 직업과 거처를 바꾸고 사기 행각을 벌이며 도망다니는 '프랭크'와 그를 잡기 위해 동분서주하는 FBI 요원 '칼'의 쫓고 쫓기는 두뇌 싸움을 그리고 있으나 영화를 본 사람이라면 '프랭크'의 그러한 일들이 17세의 나이에 가능이나 한 것일까 하는 의문을 갖지 않을 수 없다.

'프랭크'는 첫 번째 시작인 아버지의 "카드" 사기부터 마지막 "변호사" 사칭까지 일곱 번의 "사기"를 치는 대담성을 보여준 아이였다.

실존 인물인 '프랭크'는 1948년 출생하여 1969년 프랑스에서 체포된 후 12년형을 선고 받았는데, 5년을 감옥에서 보낸 후 자신의 재능과 기술을 미국연방정부를 위해 사용한다는 조건으로 석방, 이후 법원공무원과 FBI 요원들을 대상으로 자신의 기술을 전수하는 등 현재는 금융사기 예방과 문서보안 분야의 최고 권위자로 일하고 있다.

'프랭크'의 영화 속 범죄행위는 분명 "사기죄"이다.

그러나 '프랭크'의 사기 행위는 위험 수위가 크다고 보이므로 "특정경제범죄"의 가중처벌 등에 관한 법률로 처벌해야 될 것이다.

[영화 속 범죄 유형의 행위]

먼저 영화 속의 주인공 '프랭크'의 행위는 범죄 유형에 있어 '사기'와 '횡령'의 두 가지 측면에서 살펴볼 수 있겠다.

'사기'는 상습적으로 행해졌기 때문에 상습범에 대한 가중 처벌법에 의하여 형량이 높아질 것이라고 본다.

❶ '프랭크'의 '사기 및 횡령'

1) 사기(詐欺)

(1) 사기죄(詐欺罪)는 사람을 "기망하여 재물을 편취"하거나 재산상의 "불법한 이익"을 취득하거나 타인으로 하여금 취득하게 함으로써 성립하는 범죄를 말한다.(형법 제347조, 일본 형법 제246조)

사기죄는 재물죄인 동시에 이득죄이다.

사기죄의 보호법익은 개인의 재산이고, 단지, "속였을" 뿐인 경우와 재산 이외의 이익이 침해된 경우에는 성립하지 않는다. 그러므로 사회 일반에서 말하는 "사기"의 개념과는 다소 괴리가 있다. 광의로는 "사기죄"와 "사기이득죄" 이외에, "준사기죄"와 컴퓨터등 이용 "사기죄"(일본형법 상 전자계산기사용사기죄)를 포함한다.

이 죄는 형법 제347조에 규정되어 있으며, 처벌은 10년 이하의 징역형이나 2,000만원 이하의 벌금이다.

(2) 보호법익

재물과 재산상 이익이 모두 "행위객체"로 되어 있으므로 일단 재산권이 보호법익이라는 점에 대해서는 이견이 없다.

문제는 이 죄의 "행위수단인" 기망이 안전한 거래를 해치는 행위라는 측면에서 볼 때 거래의 진실성 내지 "신의성실"도 이 죄의 보호법익이라고 해야 하는지에 관한 점이다.

긍정하는 견해와 부정하는 견해가 대립되나, 이 죄를 개인적 법익을 해

하는 범죄로 이해하는 한 보호법익은 재산권에 국한시키고 거래의 안전
성은 반사적 이익으로 보호받는 것이라고 하는 것이 타당하다. 아울러
이렇게 "보호법익"을 "재산권"으로 제한한다면, 피기망자와 재산상 피해
자가 일치하지 않을 경우에 피기망자는 피해자가 될 수 없다.

또한 "사기죄"의 보호법익은 "재산권"이므로 "기망"이 있더라도 재산권
을 침해하지 않았으면 사기죄가 성립되지 않는다. 즉, "기망"에 의해 부
녀의 정조를 뺏는다거나, 역시 "기망"에 의해 공무원자격을 사칭한 경우
에는 혼인빙자간음죄(형법 제304조)나 공무원 자격사칭죄(형법 제118
조)가 성립할 뿐 사기죄에는 해당되지 않는 것이다.

(3) 사기죄의 체계

사기죄(형법 제348조)가 기본적 구성요건이고, 상습사기죄(형법 제351
조)는 책임이 가중된 범죄유형이다. 아울러 수 개의 독립적 구성요건들
이 붙어 있는데, 컴퓨터 등 사용사기죄(형법 제347조의2), 준사기죄(형
법 제348조), 편의시설부정이용죄(형법 제348조의2), 부당이득죄(형법
제349조) 등이 그것이다.

(4) 준사기죄

이 죄는 "미성년자"나 "심신장애자"의 약한 판단능력을 이용하여 재물이
나 재산상 이익을 취득함으로써 성립되는 범죄이다. 적극적으로 "기망행
위"를 하지는 않았다 할지라도 상대의 정상적이지 못한 상태를 이용하였
으므로 "사기죄"에 준하여 "처벌"하려는 범죄이다. "사기죄"에 보충적 성
격을 지니고 있으므로 대상자가 미성년자나 심신장애자라 할지라도 적극
적으로 "기망행위"를 한 경우에는 이 죄가 아니라 "사기죄"가 성립된다.

① 미성년자의 지려천박 또는 사람의 심신장애를 이용하여 재물의 교부
   를 받거나 재산상의 이익을 취득한 자는 10년 이하의 징역 또는
   2,000만원 이하의 벌금에 처한다.(형법 제348조 제1항)
② 전항의 방법으로 제3자로 하여금 재물의 교부를 받게 하거나 재산상

이익을 취득하게 한 때에도 전항의 형과 같다.(형법 제348조 제2항)

③ 이 죄의 미수범은 처벌한다.(형법 제352조)

④ 이 죄를 범하여 유기징역에 처할 경우에는 10년 이하의 자격정지를 병과할 수 있다.(형법 제353조)

(5) 상습사기죄

상습으로 제347조 내지 제349조의 죄를 범한 자는 그 죄에 정한 형의 2분의 1까지 가중한다.(형법 제351조)

또한 이 죄의 미수범은 처벌한다.(형법 제352조)

이 죄를 범하여 유기징역에 처할 경우에는 10년 이하의 자격정지를 병과할 수 있다.(형법 제353조)

'상습사기죄'는 위 사기의 모든 범죄유형에 붙어 있다. 책임이 가중된 범죄유형이다.

(6) 편의시설부정이용죄

이 죄는 유료자동설비를 부정하게 이용함으로써 "재물"이나 "재산상 이익"을 얻는 범죄이다.

개정 형법에 의해 신설된 규정이며, 여기서의 유료자동설비에는 자동판매기, 공중전화뿐 아니라 컴퓨터 게임기, 주차장이나 유료도로의 요금자동징수 설비, 자동놀이기구 등이 모두 포함된다.

아울러 동 설비를 부정이용한다는 것은 권한 없이 동 설비를 용법에 따라 작동시키는 것을 말하므로, 동 설비를 손괴하고 그 안에 있는 물건이나 돈을 꺼내가는 것은 이 죄가 아니라 "손괴죄"와 "절도죄"의 경합범으로 처리된다.

① 부정한 방법으로 대가를 지급하지 아니하고 자동판매기, 공중전화 기타 유료자동설비를 이용하여 "재물" 기타 "재산상 이익"을 취득한 자는 3년 이하의 징역, 500만원 이하의 벌금, 구류 또는 과료에 처한다.(형법 제348의 제2항. 이 죄의 미수범은 처벌한다.(형법 제352조)

② 이 죄를 범하여 유기징역에 처할 경우에는 10년 이하의 자격정지를
  병과할 수 있다.(형법 제353조)

(7) 부당이득죄

이 죄는 "사람의 궁박한 상태"를 이용하여 현저하게 "부당한 이득"을 취
하는 범죄로서 "폭리행위"가 그 대표적인 예로 거론된다.

하지만 여기서의 "궁박한 상태"는 경제적 곤궁만을 이야기하는 것이 아
니라 생명, 신체, 명예 등에 대한 궁박 상태도 포함하는 것이므로, 응급
환자를 수송하면서 현저하게 부당한 이득을 취하였다는 등의 행위도 이
죄에 포함될 가능성이 있다.

① 사람의 궁박한 상태를 이용하여 현저하게 부당한 이익을 취득한 자는
  3년 이하의 징역 또는 1천만원 이하의 벌금에 처한다.(형법 제349조
  제1항)

② 전항의 방법으로 제3자로 하여금 부당한 이익을 취득하게 한 때에도
  전항의 형과 같다.(형법 제349조 제2항)

③ 이 죄를 범하여 유기징역에 처할 경우에는 10년 이하의 자격정지를
  병과할 수 있다.(형법 제353조)

2) 횡령

① 사람을 기망하여 재물의 교부를 받거나 재산상의 이익을 취득한 자는
  10년 이하의 징역 또는 2천만원 이하의 벌금에 처한다.

② 전항의 방법으로 제삼자로 하여금 재물의 교부를 받게 하거나 재산상
  의 이익을 취득하게 한 때에도 전항의 형과 같다.

③ 미수범도 처벌한다.(형법 제352조)

④ 이 죄를 범하여 유기징역에 처할 경우에는 10년 이하의 자격정지를
  병과할 수 있다.(형법 제353조)

(1) 횡령죄

횡령죄(橫領罪)란 타인의 재물을 보관하는 자가 그 재물을 횡령하거나 반환 거부함으로써 성립하는 죄(형법 제355조 제1항)이다.

여기서 횡령(橫領)이란 공금이나 남의 재물을 불법으로 차지하여 가지는 것을 말한다.

(2) 횡령죄의 사례

우리나라 사람들처럼 단체 및 사조직을 만드는 데 천재적인 사람들은 없다. 사람들은 내 중심으로 연결고리를 만드는 것을 좋아한다. 성인들 중에 유치원 동창회를 만든 친구들도 있다고 한다. 서울의 甲 대학교는 졸업생을 배출한 지 10년밖에 되지 않았는데, A전자에 재직 중인 동문들 30여 명이 동문회를 조직하여 정기적인 모임을 하기로 했다.

회비를 거두고 관리하는 "재무"는 회계학과 출신인 최산수 대리가 맡았고, 회비는 1인당 연 10만원이었다. 그런데 어느 날 "최 대리"는 승용차를 사면서 돈 1,000만원이 부족하자, 통장에 들어 있는 동문회 기금 중에서 일부를 몰래 인출해 유용했다. 그러고는 다음 달 월급과 상여금으로 탄 1,000만원을 통장에 다시 넣었다. 물론 이 일은 아무도 모르고 있다.

※ 횡령죄의 예문

나중에 반환할 의사로 공금을 일시에 개인 용도로 쓰는 행위는?

① 반환의사 유무, 반환했는지 여부에 관계없이 횡령죄가 된다.

② 반환할 의사가 있었고, 또 실제로 반환했으며, 동문회에 손해를 끼치지 않았으므로 아무런 죄가 되지 않는다.

③ 동문회의 재무 책임자가 공금을 개인 용도에 소비하는 행위는 절도죄가 된다.

[정답] ① 횡령죄에 해당된다.

[해설] 다른 사람의 부탁으로 그 사람의 재물을 잠시 보관하고 있는 사람이 이것을 다른 데에 처분하거나 돌려주지 않는다면 이는 무슨 죄일까?

형법은 이것을 "횡령죄"라고 한다. "횡령죄"는 "타인의 재산을 보관하는 자가 그 재물을 가로채거나(횡령), 반환을 거부하는 것"을 말한다. 재산 범죄이면서 임무 위배라는 배신적 성격이 가미된 범죄로서 우리 사회에서 아주 흔하게 발생하는 유형의 범죄다.

행위자가 타인의 재산을 보관하는 관계는 타인의 "위탁"에 의해서 이루어지는데, 이 위탁은 계약일 수도 있고, 관습·법령에 의한 것일 수도 있다.

"횡령죄"의 행위는 "횡령"과 "반환" 거부다. "횡령"이란 보관과 반환의 임무에 반하여 불법 영득 의사로써 가로채는 것이다.

구체적으로는 보관자가 소비·착복·은닉·휴대하고 도주·처분·대여·교환·담보의 제공 등의 행위로 위탁자의 반환 청구를 불가능 또는 현저히 곤란하게 하여 재산상 손해를 가하는 것이다.

결론

타인의 부탁으로 보관 중인 물건을 처분한 경우에 설사 나중에 반환·변상·충당의 의사가 있었더라도 "횡령죄"가 되는 것은 마찬가지다.

(3) 배임죄와의 관계

횡령죄와 배임죄는 타인의 신임관계를 배반한다는 점에서 같은 성질을 가진다. 그러나 횡령죄는 재물죄인 반면 배임죄는 이득죄이다.

따라서 횡령죄와 배임죄는 특별법과 일반법의 관계에 있다.

(4) 횡령죄의 형량 형법 제355조(횡령·배임)

① 타인의 재물을 보관하는 자가 그 재물을 횡령하거나 그 반환을 거부

한 때에는 5년 이하의 징역 또는 1천 500만원 이하의 벌금에 처한다.
② 타인의 사무를 처리하는 자가 그 임무에 위배하는 행위로써 재산상의
  이익을 취득하거나 제삼자로 하여금 이를 취득하게 하여 본인에게 손
  해를 가한 때에도 전항의 형과 같다.

(5) 업무상의 횡령과 배임(형법 제356조)

업무상의 임무에 위배하여 형법 제355조의 죄를 범한 자는 10년 이하의
징역 또는 3천만원 이하의 벌금에 처한다.

(6) "사기죄"와의 구별

피고인이 당초부터 피해자를 기망하여 약속어음을 교부받은 경우에는 그
교부받은 즉시 사기죄가 성립하고 그 후 이를 피해자에 대한 피고인의
채권의 변제에 충당하였다 하더라도 불가벌적 사후행위가 됨에 그칠 뿐,
별도로 횡령죄를 구성하지 않는다.

(7) 사기미수죄

사기미수죄는 재물을 교부받거나 재산상의 이익을 취득하기 위하여 상대
방을 착오에 빠뜨리려는 기망수단을 사용한 사실이 있으면 족하고 상대
방이 착오에 빠지지 아니하여 그 목적을 이루지 못하면 사기미수죄를 구
성하는 것이므로 피고인이 이미 전에 금원을 편취당한 바 있던 피해자에
게 다시 금원차용을 요구한 소위는 사기미수죄에 해당한다.[대판 87도
2539]

※ 해외 각국의 사기죄의 유형과 판례

(1) 중국

중국에서 "사기죄"라는 것은 사람을 속여 재물을 교부받거나, 재산상
불법의 이익을 얻거나 하는(예를 들어 "무임숙박"을 하는 것, "무임

승차"를 하는 것 등, 본래 유상으로 받는 대우나 서비스를 불법으로 받는 것) 행위, 또는 타인에게 이것을 얻게 하는 행위를 내용으로 하는 범죄의 하나이다.

이에 대한 "가해자"의 처벌은 "매우 엄격"하며 피해자에 대한 보상은 전면 보장된다.

(2) 미국

미국 연방에서 시행되고 있는 사기죄와 관련된 양형기준을 검토한 결과 미국의 사기죄 양형은 단일 격자식 양형 기준을 이용한 43개의 범죄 등급과 6개의 범죄 경력범주에 의하여 총 258개의 셀로 구성된 양형범위를 결정하고 있다.

(3) 일본

일본에서 "사기죄"라 함은 사람을 속여 재물을 교부받거나, 재산상 불법의 이익을 얻거나 하는(예를 들어 "무임숙박"을 하는 것, "무임 승차"를 하는 것 등, 본래 유상으로 받는 대우나 서비스를 불법으로 받는 것) 행위, 또는 타인에게 이것을 얻게 하는 행위를 내용으로 하는 범죄의 하나이다. 일본 형법 제246조에 규정되어 있다. 미수범도 처벌된다.(일본 형법 제250조)

(4) 판례

① "사기죄"는 타인이 점유하는 재물을 그의 처분행위에 의하여 취득함으로써 성립하는 죄이므로 자기가 점유하는 타인의 재물에 대하여는 이것을 영득함에 "기망행위"를 한다 하여도 사기죄는 성립하지 아니하고 "횡령죄"만을 구성한다.(대판 87도2168)

② "가계수표" 발행인이 자기가 발행한 "가계수표"를 타인이 교부받아 소지하고 있는 사실을 알면서도, 또한 그 수표가 적법하게, 지

급 제시되어 수표상의 소구의무를 부담하고 있음에도 불구하고 허위의 분실사유를 들어 "공시최고 신청"을 하고 이에 따라 법원으로부터 제권판결을 받음으로써 수표상의 채무를 면하여 그 수표금 상당의 재산상 이득을 취득하였다면 이러한 행위는 "사기죄"에 해당한다.(대판 99도364)

③ "사기죄"를 범한 자가 "피해자"에게 그 대가를 지급한 후, 그 "피해자"를 기망하여 그가 보유하고 있는 그 대가를 다시 편취하거나 그 "피해자"로부터 그 대가를 위탁받아 보관 중, 횡령한 경우 기존에 성립한 사기죄와는 별도의 새로운 사기죄나 횡령죄가 성립한다.(대판 2009도7052)

④ "사기죄"가 성립하기 위해서는 "기망행위"와 상대방의 착오 및 재물의 교부 또는 재산상의 이익의 공여와의 사이에 순차적인 인과관계가 있어야 하지만, 착오에 빠진 원인 중에 피기망자 측에 과실이 있는 경우에도 사기죄가 성립한다.(대판 2008도1697)

❷ '프랭크'의 수표위조와 140만 달러 "사기·횡령"의 범죄

영화 속 '프랭크'의 행동은 단순한 "사기사건"의 범죄행위가 아니다. 상황에 따라 "가중처벌"을 받는 것도 가능한데, 우선 "상습범"의 경우에는 제347조에서 정한 형의 50%까지 가중하게 된다.

또한 금액이 클 경우에도 "가중처벌" 받을 수 있는데, 「특정경제범죄 가중처벌 등에 관한 법률」(일명 특가법) 제3조는 "사기죄" 처벌을 금액에 따라 규정하고 있다. 이득액이 5억원 이상 50억원 이하의 경우에는 3년 이상의 유기징역, 50억원 이상일 경우에는 무기 또는 5년 이상의 징역형을 선고받을 수 있는 것이다. 여기서 주의할 점은 1명의 사기꾼이 여러 사람에게 사기를 쳤을 때에는 각각의 사기죄가 성립하면서도 이득 액은

합산한 금액이 된다는 것이다. 따라서 동일한 사기 수법을 이용해 여러 사기를 쳤는지, 아니면 개별로 다른 사건으로 봐야 하는지를 잘 따져야 한다.

그러나 영화 속 '프랭크'는 수표를 "위조" 편취한 행위로 "수표위조죄" 및 "사기 및 횡령"의 "가중처벌"을 면하기 어렵다.

1) 특정경제범죄 가중처벌의 죄

경제 질서를 확립하고 국민 경제 발전에 이바지하기 위하여 건전한 국민 경제 윤리에 어긋나는 특정경제범죄를 가중처벌하고 그 범죄자의 취업을 제한할 것을 규정하는 법률이다.

(1) 일명 "특가법"의 내용

① "형법"상 재산범죄에 대해 법정형만을 가중하여 구성요건이 형법과 중복되는 규정으로 사기, 공갈, 횡령, 배임, 업무상 배임의 죄를 그 이득액에 따라 "가중처벌"하고 있다.

② "형법"에 규정되어 있지는 않으나 "형법"의 특정범죄 규정과 유사한 규정으로 공무원의 수뢰죄에 대비되는 금융기관 임·직원의 수뢰죄 규정을 두고 있다.

③ "형법"에 규정되지 않은 처벌규정으로 저축관련 부당행위나 무인가 단기금융업을 가중처벌하고 있다. 구체적 내용은 다음과 같다.

2) 특정경제범죄 가중처벌 등에 관한 법률 제3조(특정재산범죄의 가중처벌)

① 형법 제347조(사기), 제347조의2(컴퓨터등 사용사기), 제350조(공갈), 제350조의2(특수 공갈), 제351조(제347조, 제347조의2, 제350조 및 제350조의2의 상습범만 해당한다), 제355조(횡령·배임) 또는 제356조(업무상의 횡령과 배임)의 죄를 범한 사람은 그 범죄행위로 인하여 취득하거나 제3자로 하여금 취득하게 한 "재물" 또는 "재산

상 이익"의 가액(이하 이 조에서 "이득액"이라 한다)이 5억원 이상일 때에는 다음 각 호의 구분에 따라 "가중처벌"한다.

② 이득 액이 50억원 이상일 때: 무기 또는 5년 이상의 징역

③ 이득 액이 5억원 이상, 50억원 미만일 때: 3년 이상의 유기징역

④ 제1항의 경우 이득액 이하에 상당하는 벌금을 병과할 수 있다.

3) 일명 가족 간의 사기범죄에 대한 판례

형법 제354조, 제328조의 규정에 의하면, 직계혈족, 배우자, 동거친족, 동거가족 또는 그 배우자 간의 사기죄는 그 형을 면제하여야 하고 그 외의 친족 간에는 고소가 있어야 공소를 제기할 수 있는바, 형법상 사기죄의 성질은 "특정경제범죄" 가중처벌 등에 관한 법률 제3조 제1항에 의해 "가중처벌"되는 경우에도 그대로 유지되고 같은 법률에 친족상도례의 적용을 배제한다는 명시적인 규정이 없으므로, 형법 제354조는 같은 법률 제3조 제1항 위반죄에도 그대로 적용된다.(대판 2009도12627)

4) '프랭크'의 위조수표의 남발 위 · 변조의 죄

수표는 당장 현금을 가지고 있지 않아도 종이에 은행과 계좌번호, 지불할 금액과 서명을 적어주며 이 종이를 은행에 들고 가면 내 계좌에서 이 종이에 써있는 만큼의 돈을 인출해서 줄 것이라는 것을 증명해 주는 것이다. 지금이야 시내 곳곳에 여러 상호의 은행이 자리 잡고 있고 카드를 받아주는 곳이 많으니 만약 현금이 없다면 은행에서 돈을 찾아오거나 카드로 결제하면 간편하지만, 미국의 서부시대나 근대의 한국도 이런 체계적인 금융시스템이 없었기 때문에 수표로 거래를 하는 경우가 많았다. 그러나 한국에서는 수표의 개념이 희미하다보니 착각하기 쉬우나 수표 자체는 현금이 아니며, 수표는 그 자체로는 단순히 개인 또는 은행이 발행한 증서일 뿐이다.

수표로 대금을 지불받았다고 해도 일반적으로는 그 수표를 들고 다른 곳에서 현금처럼 사용하거나 할 수 없고, 은행을 통해 현금으로 환급받아

야 완전히 내 자산이 된다. 만약 발행인의 계좌에 수표에 적힌 만큼의 돈이 남아있지 않을 경우, 즉 부도를 낸다면 은행에서는 해당 수표의 현금화를 거부한다. 은행은 단순히 수표를 처리해 주는 서비스만 해줄 뿐이며 지불의 의무는 어디까지나 수표를 써 준 발행인에게 있기 때문이다. 이렇다 보니 수표로 대금을 지불받는 입장에서는 수표를 무턱대고 받기에는 위험부담이 높기 때문에 당연히 현금이나 신용카드보다는 안 받아주려고 하는 경향이 강하며, 현금화가 어려울 것이라고 의심되는 발행인의 수표는 대부분 현장에서 거절당한다. 이는 개인수표가 활성화되어 있는 미국에서 특히 확실하게 따진다.

5) 수표 위조·변조의 형사책임

수표를 위조하거나 변조한 자는 1년 이상의 유기징역과 또는 수표금액의 10배 이하의 벌금에 처한다.

❸ '프랭크'와 비슷한 한국의 (장영자)사기사건

전두환 정권하에서 7,000억원대 "어음사기" 범행을 저지르고 출소한 후 또 다시 "사기혐의"로 기소되어 1·2심에서 실형을 받은 장씨는 1982년 "어음 사기사건" 이후 구속과 석방을 반복했다.

이와 관련 두 사람은 각각 징역 15년을 선고받았지만, 먼저 가석방된 남편에 이어 장씨는 1992년 가석방됐다. 그러나 이후에도 장씨는 1994년 100억원대 "어음사기" 사건으로 구속되었고, 2001년에는 220억원대 화폐 사기사건으로 다시 구속됐다. 2015년 1월 교도소에서 출소했지만 2020년 1월 4번째 구속 상태로 재판에 넘겨졌다.

앞서 장씨는 남편과 함께 자금사정이 긴박한 기업체에 접근, 어음을 교부받아 할인하는 수법으로 6,404억원을 "편취"한 혐의로 기소됐다.

CINEMA 06

블랙스완

패닉 룸(2002)   01
파이트 클럽(1999)   02
노이즈(2004)   03
케빈에 대하여(2011)   04
캐치 미 이프 유 캔(2002)   05
블랙스완(2010)   **06**
인썸니아(2002)   07
목격자(2017)   08
3096일(2013)   09
뷰티풀 마인드(2002)   10

"완벽함이란 통제하는 것만이 아니야,
흘러가게 두는 것이기도 해."

블랙스완

Black Swan

블랙스완 Black Swan

장르: 드라마 / 스릴러
감독: 대런 아로노프스키
출연: 나탈리 포트만(니나 세이어스) /
　　　뱅상 카셀(토마스 르로이) /
　　　바바라 허쉬(에리카 세이어스) /
　　　밀라 쿠니스(릴리)

• 등장인물

| 나탈리 포트만 | 뱅상 카셀 | 바바라 허쉬 | 밀라 쿠니스 |
| 니나 세이어스 | 토마스 르로이 | 에리카 세이어스 | 릴리 |

'대런 아로노프스키' 감독은 하버드 대학에서 사회인류학을 전공한 후 미국 영화연구소 예술석사학위도 받고 감독겸 프로듀서, 시나리오 작가로 활동중인 인물이다.

또한 실사(live action)와 애니메이션을 공부하고 만든 졸업 작품이 주목받기 시작했다.

감독은 유대교 집안에서 자라 청소년기를 유대인 학교에서 보냈는데 이것이 영화에 많은 영향을 끼쳤다고 한다.

그 때문인지 고뇌하고 파괴적인 주인공이 많으며 종교, 신앙, 믿음, 인간에 관한 내용을 영화에 많이 입혔다.

'블랙스완'과 '더 레슬러'를 탄생시키는 과정에서도 감독은 신체의 극심한 고통과 자기 파괴적인 몰두를 요구하고 카메라 역시 니나와 랜디의 얼굴을 클로즈업하면서 그 고통을 관객에게 돌려준다.

'대런 아로노프스키 감독'

"영화 평들을 되도록 읽지 않는다. 좋은 리뷰는 감독에게 더 안 좋다."

"성경은 인류에 전해진 아주 오래된 이야기다. 나는 스토리텔러로서 오늘날 인류의 현실을 말할 수 있는 강렬한 힘이 있다고 생각한다."

"새로운 것을 만드는 일은 늘 저항에 부딪힐 수밖에 없다. 내 안에 타오르는 어떤 감정과 열정이 끊임없이 생각하고 움직이게 만든다."

그가 어떤 사람이고 어떤 영화를 만들어 가는지는 이 몇 마디 인터뷰 내용으로 충분하다는 생각이 든다.

감독은 특히 블랙스완을 만들기 위해 1~2년의 세월동안 고심하고 준비한 게 아니라 이미 수년 전 '도스토예프스키'라는 소설가의 '분신'이라는 소설에서 영감을 얻었고 그 후에 우연히 보게 된 발레를 보고 이 영화가 탄생되었다는 점은 얼마나 많은 공을 들였는지 알 수 있는 대목이다.

그런데 왜 영화의 제목이 '블랙스완'일까?

영화의 제목은 때때로 원제목과 상영제목이 다른 경우가 있고, 제목 자체가 강렬한 이미지를 주거나 숨겨진 의미가 궁금해지는 경우도 있다.

그래서 그런지 감독이나 제작자 또는 작가가 제목을 붙일 때 영화 스토리를 전개하는 만큼이나 심혈을 기울인다고 한다.

제목이 관객들로 하여금 영화내용에 대한 호기심을 갖게 만드는 출입구이기 때문이다.

'블랙스완'이라고 붙였는지 이유가 궁금해서 단어 자체에 있는 특별한 의미가 있는지 알아봤다.

'블랙스완 또는 블랙스완 효과'는 17세기 말까지 모든 백조는 희다고 믿었던 유럽인 중에 영국의 학자 '존 라삼'이 우연히 호수에서 '흑조(Black Swan)'를 발견한 후 이제까지의 생각과 다르다는 것에 충격을 받은 데서 유래하여 '예상치 못한 돌발 악재' 또는 '선입견을 깨뜨리는 예상 밖의 일'이라는 의미로 표현한다.

• 스토리 전개

뉴욕 발레단의 발레리나 '니나 세이어스(나탈리 포트만)'는 어머니 '에리카(베스 맥킨타이어)'와 둘이서 살고 있다.

그리고 '니나'가 소속되어 있는 뉴욕 발레단의 단장인 '토마스 르로이(뱅상 카셀)'는 고전적인 발레 '백조의 호수'를 재해석해서 시즌을 열기 위해 발레단의 프리마돈나를 새로 뽑겠다고 한다.

오디션 때 신입으로 온 '릴리(밀라 쿠니스)'는 제대로 실력을 보이고 '니나'는 실수를 하게 되는데, 단장인 '토마스'는 '니나'에게 "백조만 뽑을 거면 너를 뽑을 거야"라고 말하며 그녀의 흑조 연기가 맘에 들지 않는다는 것을 전한다.

자신이 선택되지 않을 것을 직시한 '니나'는 단장에게 흑조도 잘할 수 있다며 완벽해지고 싶다고 사정한다.

하지만 토마스는 강렬하고 도발적으로 왕자를 유혹할 수 있는 흑조의 중요성을 강조하면서 '니나'에게 키스를 하고 '니나'는 '토마스'의 입술을 깨물고 뛰쳐나온다.

출처: aaa-cc.tistory.com

결국, 토마스는 '니나'의 가능성을 보고 그녀를 백조 여왕으로 뽑는다.

한편 '니나'를 출산하게 되면서 발레를 포기한 그녀의 어머니는 '니나'를 통해 자신의 욕망을 채우려 한다.

그 때문에 '니나'는 자라는 동안 남자친구도 사귀지 못했고 그녀의 방엔 아직도 인형으로 가득 차 있다.

술이나 이성관계는 물론이고 주는 대로 먹고 시키는 대로 하면서 철저히 자신을 통제하는 가운데 어머니의 인형처럼 사는 발레리나다.

어머니는 줄곧 "내 착한 딸"을 습관적으로 말하며 '니나'를 달래고 야단친다. '릴리'는 '니나'에게 접근하고 '니나'는 그녀를 경계하지만 '토마스'는 거칠긴 해도 자신의 감정을 자유롭게 표현하는 '릴리'를 칭찬한다.

자유분방하면서도, 술이나 이성과의 성적 관계, 마약, 불규칙한 생활 등 '니나'가 금기시하는 모든 행동과 사고방식을 가지고 사는 인물인 그녀가 부럽기도 한 '니나'는 '릴리'와 같이 술집에 가서 낯선 남자들을 만나기도 한다. 자신의 억제되는 삶에 콤플렉스가 있었던 '니나'는 갈등이 깊어질수록 점점 더 환상을 보게 된다.

결국 '니나'는 백조의 호수 공연 날 최고수준의 백조와 흑조를 연기하면서 스스로 만족스러워 하지만 자기 자신을 찌른 상태로 연기를 하여 죽음을 맞이하고 만다.

영화의 기본적인 이야기는 '백조의 호수'와 맞닿아 있다.

원작 '백조의 호수'는 저주에 걸린 백조가 왕자와 진정한 사랑을 이루고 난 후 저주를 풀 수 있지만 자신의 쌍둥이인 흑조가 왕자를 유혹하는 바람에 슬픔에 잠겨 자살한다는 이야기다.

하지만 백조의 호수에서 백조와 흑조를 연기하는 발레리나가 한 사람이듯 완벽한 백조였던 '니나'는 결국 자신이 갈망하는 가장 완벽한 흑조가 된다. '니나'가 자신의 몸이 진짜 흑조로 변하는 환상을 보는 것은 블랙스완을 향한 '니나'의 집착과 강박이 결국 그녀를 파국으로 이끌었고 '니나'의 내면이 백조에서 흑조로 변해간다는 것을 가장 확실한 감각인 시각으로 보여주는 최고의 장치인 셈이다.

우리가 종종 듣는 '정신분열'과 구별하기 애매한 병리현상들이 몇 가지 있는데 그중 한 가지가 '니나'가 보여주는 '경계선 인격장애'다.

사실상 경계선 인격장애를 확실히 구별하는 검사는 없고 종종 정신분열(조현병), 망상장애, 기분장애, 충동조절장애 등과 구별이 필요하다.

어쩌면 다소 생소한 경계선 인격장애의 전반적인 내용을 알고 나면 '니나'의 행동들이 조금은 이해가 되지 않을까 하는 생각도 든다.

엄마에 대한 두려움과 사랑을 동시에 모순적으로 갖고 있는 '니나'의 내면을 나타낸 장면은 여러 가지가 있다.

신경증으로 몸에 상처가 나도록 긁는 '니나'와 그런 '니나'를 저지하기 위해 소리를 지르는 엄마를 공포스럽게 그린 장면과 약을 발라주는 대조적인 엄마, 그리고 또 엄마에 대한 두려움으로 '니나'가 몰래 침대 밑에 몽둥이를 숨기고 자는 장면도 나온다.

결론적으로, '니나'의 어린 시절은 학대에 가까운 어머니의 보살핌으로 인해 상처받고 억압되었으며, 성장 후에 발레리나가 된 '니나'는 '의식과 무의식' 'id와 ego, superego' 사이에서 반복되는 갈등을 겪는다.

그렇기 때문에 보통 이 영화는 '프로이트'의 '정신분석이론'이나 '융'의 '분석심리학'으로 설명하는 경우가 많이 있지만 심리학적 이론으로 설명하기엔 너무 광범위하다.

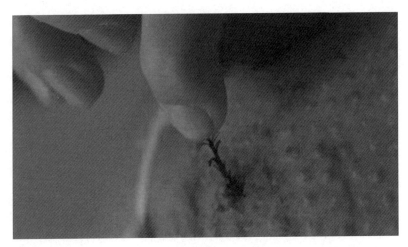

출처: Google Search−black swan feathers scene

다만, 강렬한 애정과 분노가 교차하는 불안정한 대인관계를 특징으로 보이는 '경계선 성격(인격)장애'로 해석이 가능한 부분이 있어 알아보고자 한다.

영화에서 만나보는 경계선 성격장애 borderline personality disorder

성격장애라는 큰 틀을 어떻게 분류하는 것이 최선인지에 대해서는 상당한 논란이 있었으나 DSM에서의 분류 방식으로 소개된 표를 보면 엄밀하게 임상전문가의 검사와 해석이 없으면 "이것이다"라고 말하기에는 애매하게 비슷한 부분들이 있다.

DSM-IV 성격장애의 주요 특징

A군(이상하고 상식을 벗어난 특징을 공유함)

편집성	타인에 대해 전반적이고 근거 없는 의심과 불신
분열성	사회적 관계 단절 및 제한된 정서적 표현
분열형	가까운 관계성의 수용 부족, 인식적 왜곡과 별난 행동

B군(극적이고 감정적이며 변덕스러운 특징을 공유함)

반사회성	타인의 인권에 대한 침해와 무시, 죄책감의 결여
경계선	대인관계, 자아상, 정서의 불안정성은 물론 눈에 띄는 충동성
히스테리성	과도하게 감정적이며, 관심을 끌려고 함
자기애성	자신에 대한 과대평가, 감탄에 대한 필요, 공감 부족

C군(불안하고 두려워하는)

회피성	사회적 금지, 부적절한 느낌, 부정적 평가에 대한 과민반응
의존성	돌봐줘야 할 과도한 필요, 복종적 행동, 이별에 대한 공포
강박성	규율, 완벽성, 통제에 관한 과도한 집착
기 타	우울성, 가학성, 피학성

❶ 편집성 성격장애(paranoid personality disorder)

타인에 의해 부당하게 취급되거나 그들에게 이용당할 것이라는 예상을 하고 있어서, '속임을 당하거나 이용당하지 않나'하고 비밀리에 관련 증거를 계속해서 탐색한다.

이 성격장애는 분열형 성격장애, 경계선 성격장애, 회피성 성격장애와 가장 많이 공존하기도 하지만 편집성 정신분열증과는 다르다.

왜냐하면 편집성 정신분열증보다 환각이나 기능의 손상이 더 적고 인지
적 혼란도 덜하다.

편집성 성격장애 진단기준(DSM-IV)

A. 타인의 동기를 악의가 있는 것으로 해석하는 등 광범위한 불신과 의심
이 성인기 초기에 시작되어 여러 가지 상황에서 나타나며 다음 중 4개
(또는 그 이상) 항목을 충족시킨다.
1) 충분한 근거 없이도 타인이 자신을 착취하고 해를 주거나 속인다고
의심한다.
2) 친구나 동료의 성실성이나 신용에 대한 부당한 의심에 집착한다.
3) 정보가 자신에게 악의적으로 사용될 것이라는 부당한 공포 때문에
터놓고 얘기하기를 꺼린다.
4) 사소한 말이나 사건 속에서 자기의 품위를 손상시키려 하거나 위협
적인 숨겨진 의도를 해석한다.
5) 원한을 오랫동안 풀지 않는다. 모욕이나 상해, 경멸을 용서하지 않
는다.
6) 타인에게는 그렇게 보이지 않지만 자신의 성격이나 명성이 공격당했
다고 느끼는 즉시 화를 내거나 반격한다.
7) 이유 없이 성적 파트너나 배우자의 정절에 대해 지속적으로 의심한다.
B. 조현병, 정신병적 특징을 보이는 기분장애 혹은 다른 정신증적 장애의
경과 중에만 나타나는 것이 아니고 일반적인 의학적 상태의 직접적인
생리적 효과에 의한 것이 아니어야 한다.

❷ 분열성 성격장애(schizoid personality disorder)

사교관계를 원하거나 즐기지 않으므로 가까운 친구가 거의 없고, 그들은
타인에게 둔하고, 마음이 가라앉아 있으며 타인에게 따뜻하거나 부드러

운 감정이 없는 것처럼 보인다.

이 성격장애를 가진 사람은 분열형 성격장애와는 조금 다른 부분이 있지만 고립주의자로서 혼자만의 취미를 추구하며, 분열형, 회피성, 편집성 성격장애에 대해서 공병률이 가장 높다.

분열성 성격장애 진단기준(DSM-IV)

A. 친밀한 대인관계에 대한 고통, 그러한 관계를 맺는 제한된 능력에서 드러나는 사회적 대인관계에서의 손상, 인지적·지각적 왜곡, 기이한 행동 등 광범위한 양상이 성인기 초기에 시작되며 여러 가지 상황에서 나타나는데, 다음 중 5개 (또는 그 이상) 항목을 충족시킨다.

1) 가족의 일원이 되는 것을 포함하여, 친밀한 관계를 바라지도 즐기지도 않는다.
2) 거의 항상 혼자서 하는 활동을 선택한다.
3) 다른 사람과 성 경험을 갖는 일에는 흥미가 없다.
4) 즐거움을 느낀다고 하더라도 소수의 활동에서만 즐거움을 얻는다.
5) 직계 가족 이외에는 가까운 친구나 마음을 털어놓는 친구가 없다.
6) 타인의 칭찬이나 비평에 무관심해 보인다.
7) 냉담, 고립 혹은 단조로운 정동을 보인다.

B. 장애가 조현병, 정신증적 양상을 동반하는 기분장애, 기타 정신장애 혹은 광범위성 발달장애의 경과 중에만 나타나는 것이 아니며, 신경과적 (예: 측두엽 간질) 또는 다른 일반적인 의학적 상태의 직접적 생리효과로 인한 것이 아니어야 한다.

❸ 분열형 성격장애(schizotypal personality disorder)

기이한 마술적 사고나 이상한 믿음, 관계 사고를 갖고 있으며 거의 매일 착각, 비현실감 등을 경험한다.

인구의 3% 정도로 알려져 있으며 성별 유병률은 밝혀지지 않았지만 가족 중에 조현병 환자가 많다고 보고되어 있다.

분열형 성격장애 진단기준(DSM-IV)

A. 친밀한 대인관계에 대한 고통, 그러한 관계를 맺는 제한된 능력에서 드러나는 사회적 대인관계에서의 손상, 인지, 지각적 왜곡, 기이한 행동 등 광범위한 양상이 성인기 초기에 시작되며, 여러 가지 상황에서 나타나는데, 다음 중 5개 (또는 그 이상) 항목을 충족시킨다.

1) 관계 망상적 사고
2) 행동에 영향을 미치는 하위문화의 기준에 맞지 않는 괴이한 믿음이나 마술적 사고(예: 미신, 사이비 종교에 대한 믿음, 텔레파시나 육감, 소아나 청소년에서 보이는 기이한 환상이나 집착)
3) 신체적 착각을 포함한 유별난 지각 경험
4) 괴이한 사고와 언어(예: 모호한 우회적이고, 은유적이고, 지나치게 자세하게 묘사되거나 또는 상동증적인)
5) 의심되거나 편집적인 사고
6) 부적절하거나 감정이 메마른 정동
7) 괴이하고 엉뚱하거나 특이한 행동이나 외모
8) 직계 가족 외에는 가까운 친구나 마음을 털어놓을 수 있는 사람이 없다.
9) 친밀해져도 과도한 사회적 불안이 줄어들지 않고, 이는 자신에 대한 부정적인 판단 때문이라기보다는 편집적인 두려움 때문이다.

B. 조현병, 정신증적 양상이 있는 기분장애, 기타 정신증적 장애 또는 광범위성 발달장애의 경과 중에만 나타나는 것이 아니다.

❹ 경계선 성격장애(borderline personality disorder)

경계선(Borderline)이라는 용어에서 받을 수 있는 느낌.

선을 그어놓고 선의 이쪽저쪽을 넘나드는 느낌을 받을 수 있듯이 종잡을 수 없다는 표현을 많이 듣는 장애다.

자기상과 정서, 대인관계가 매우 불안정하고 감정의 기복이 매우 심한 성격장애를 '경계선 성격장애'라고 하는데 치료하기가 대단히 힘들고 자살과도 연결되어 있다는 것이 핵심 특징이다.

매우 충동적인 행동을 보이며 권태감과 공허감이 만성적으로 나타나며 자제력이 부족하다.

감정적인 부분에서는 우울, 분노를 오가며 행동은 도발적이고 예측할 수 없으며 낭비, 도벽, 도박, 자해, 자살 시도, 약물 남용 등의 가능성이 높다. 예를 들면, 타인에 대한 태도와 감정이 순식간에 거칠게 변할 수 있다. 정서적으로도 강렬하고 변덕스러우며 갑자기 바뀔 수 있는 것뿐 아니라 편안하게 이야기를 하다가도 갑자기 화를 내거나 경멸조로 고함을 지르기도 해서 대인관계를 망치는 경우가 있다.

유별률에 대한 연구 결과는 확실하게 보고된 것이 없지만 대략 전 인구의 1~2% 정도로 생각되고 있으며 평균적으로 남성보다 여성에게 발병 빈도가 높고 직계 가족에서 우울, 알코올 중독, 물질남용의 과거력이 많이 보고되고 있다.

여러 성격장애 중에서도 빈도가 가장 높은 성격장애로서 이들의 예측 불가한 행동, 자해 가능성 행동에는 도박, 무절제한 소비, 난잡한 성행위, 물질남용이 포함될 수 있다.

특히 자기에 대한 가치관, 진로선택 같은 자아정체의 기본 측면이 흔들리기 때문에 자살행동이 가장 염려되는 사항이다.

이 장애의 원인에 대한 여러 관점은 사회적 요인, 신경생물학적인 요인과 대상관계 이론적 요인 등 모두가 영향을 미쳐 발병하는 것으로 추측된다.

또한 상당수가 아동기에 학대받은 경험을 갖고 있는 사람들이 이 질환을 가진 것으로 나타났기 때문에 아동기에 학대나 방임이 경계선 성격장애를 일으키는 요인으로 작용한다고 알려져 있다.

Reich & Zanarini의 내용에 의하면, 경계선 성격장애는 다른 장애로 진단된 사람들에 비해 아동기에 부모와의 격리, 부모로부터 언어적·정서적 학대를 받은 적이 있다고 보고하는 경우가 훨씬 많다고 하며 Herman, Perry & van der Kolk는 이런 학대는 해리성 정체감장애를 제외하고는 대부분의 다른 장애로 진단된 사람들에 비해서 경계선 성격장애가 있는 사람들에게서 더 많이 있다고 했다.

더불어 대상관계 이론의 측면에서 보면, 성장과정에서 부모가 보여주는 양가감정이 자녀의 가치관에 혼란을 주게 되고 그로 인해 자녀의 주체성이 모호해지면서 왜곡된 인간관계를 갖는다.

영화 '블랙스완'에서 보여지는 어머니의 양육방식도 어린아이를 달래는 부드러운 모습에서 갑자기 돌변한 무서운 훈육의 모습으로 일관성 없이 오가는 불안정함을 보여주는데 이것이 '니나'의 가치관을 혼란스럽게 만들고 억압된 감정을 형성하게 만들었다.

경계선 성격장애인 사람들은 대상을 전적으로 좋거나 아니면 전적으로 나쁘다는 식의 이분법으로 생각하므로 다른 사람 또는 자기의 긍정적인 면과 부정적인 면을 하나로 통합하지 못한다.

이런 성향 때문에 세상을 흑백의 관점에서 보게 되고 정서조절에 극심한 어려움을 겪는다.

이처럼 정서적 불안이 심한 상태에서는 대인관계도 불안정하고 충동적이며 자기 파괴적인 행동을 보인다.

주변상황을 현실과는 다르게 인식하는 경우가 종종 발생하고 극적인 이상화와 배신감, 실망이라는 극단의 감정이 오갈 수 있는 것이다.

경계선 성격장애 진단기준(DSM-IV)

대인관계, 자기상 및 정동에서의 불안정성, 심한 충동성이 광범위하게 나타나며, 이러한 특징적인 양상은 성인기 초기에 시작하여 여러 가지 상황에서 일어난다. 다음 중 5개 (또는 그 이상) 항목을 충족시킨다.

1) 실제적이나 가상적인 유기를 피하려는 필사적인 노력
   주의 진단기준 5에 열거되는 자살 또는 자해 행위는 포함되지 않음
2) 극적인 이상화와 평가 절하가 반복되는 불안정하고 강렬한 대인관계 양식
3) 정체감 혼란: 심각하고 지속적인, 불안정한 자기상 또는 자기지각
4) 자신에게 손상을 줄 수 있는 충동성이 적어도 두 가지 영역에서 나타남
   (예: 낭비, 성관계, 물질남용, 무모한 운전, 폭식)
5) 반복적인 자살 행동, 자살 시늉, 자살 위협, 자해 행위
6) 현저한 기분의 변화에 따른 정동의 불안정성(예: 간헐적인 심한 불쾌감, 과민성, 불안 등이 수 시간 정도 지속되지만 수일은 넘지 않음)
7) 만성적인 공허감
8) 부적절하고 심한 분노 또는 분노를 조절하기 어려움(예: 자주 울화통을 터뜨리므로 항상 화를 내고 있음, 자주 몸싸움을 함)
9) 일과성으로 스트레스에 의한 망상적 사고 또는 심한 해리증상

경계선 성격장애 환자들은 사람들을 완전히 좋거나 완전히 나쁘다고 분류함으로써 인간관계를 왜곡하며 진단은 보통 40세 이전에 내려진다. 또한 이 장애를 가진 환자들에 대한 치료 기간은 길게 잡아야 하는데 환자는 쉽게 퇴행하고 충동을 분출하며 해석이 어려운 전이를 보이므로 환자와 심리치료자 모두에게 어려운 과정이다.

❺ 강박성 성격장애(obsessive-compulsive personality disorder)

사소하고 세밀한 것, 규칙, 스케줄 등에 대한 생각에 빠져 있는 완벽주의 자여서 이 장애를 갖고 있는 사람들은 종종 세부적인 것에 지나치게 주의를 기울여서 다른 계획 또는 나머지 계획을 완료하지 못하기도 한다. 이들은 쾌락이나 유흥보다 일을 더 추구하며 실수하지 않도록 시간을 안배하는 데 어려움을 겪는다.

대체로 도덕적인 부분에서 엄격하고, 딱딱하고, 융통성이 없을 뿐만 아니라 오래된 것을 버리지 못하여 주변사람들에게서 걱정을 듣고 지나치게 절약을 하기도 한다.

우리가 흔히 알고 있는 강박장애와는 전혀 다르다.

강박성 성격장애 진단기준(DSM-IV)

정리 정돈에 몰두하고, 완벽주의, 마음의 통제와 대인관계의 통제에 집착하는 광범위한 행동양식이 나타나며, 이로 인해 융통성, 개발성, 효율성의 상실이라는 대가를 치르게 된다. 성인기 초기에 시작되고 여러 상황에서 나타나며, 다음 중 4개(또는 그 이상) 항목을 충족시킨다.

1) 사소한 세부 사항, 규칙, 목록, 순서, 시간 계획이나 형식에 집착하여 일의 큰 흐름을 잃고 만다.
2) 일의 완수를 방해하는 완벽주의를 보인다(예: 자신의 지나치게 엄격한 표준에 맞지 않기 때문에 계획을 완수할 수 없다).
3) 여가활동과 우정을 나눌 시간도 희생하고 지나치게 일과 생산성에만 몰두한다(분명한 경제적 필요성 때문이 아니다).
4) 덕, 윤리 또는 가치문제에서 지나치게 양심적이고, 고지식하며, 융통성이 없다(문화적 또는 종교적 배경에 의해 설명되지 않는다).
5) 닳아빠지고 무가치한 물건을 감상적인 가치조차 없을 때라도 버리지 못한다.

6) 타인이 자신의 방식을 그대로 따르지 않으면 타인에게 일을 맡기거나 같이 일하기를 꺼려한다.
7) 자신과 타인 모두에게 인색하다. 돈은 미래의 재난에 대비해서 저축해야 한다고 생각한다.
8) 경직성과 완고함을 보인다.

❻ 의존성 성격장애(dependent personality disorder)

특징은 남에게 지나치게 의존하고 자신감이 부족하다는 점이다.
보살핌을 받고자 하는 욕구가 강해서 혼자 있으면 불편해하거나 불만스러운 일이 있어도 관계를 깨뜨리지 않으려고 욕구를 표현하지 않고 억누른다.

의존성 성격장애 진단기준(DSM-IV)

보호받고 싶어 하는, 광범위한 지나친 욕구로 인하여 복종적이 되고 상대방에게 매달리며, 헤어짐을 두려워하고, 성인기 초기에 시작되며, 여러 가지 상황에서 나타나고, 다음 중 5개 (또는 그 이상) 항목을 충족시킨다.

1) 타인의 많은 충고와 보장이 없이는 일상적인 일도 결정을 내리지 못한다.
2) 자신들의 인생의 매우 중요한 영역까지도 떠맡길 수 있는 타인을 필요로 한다.
3) 지지와 칭찬을 상실할 거라는 두려움이 크기 때문에 타인, 특히 의지하고 있는 사람에게 반대 의견을 말하기가 어렵다.
*주의: 현실적인 보복의 두려움은 포함되지 않는다.
4) 자신의 일을 혼자서 시작하거나 수행하기가 어렵다(동기나 활력이 부족해서라기보다는 판단과 능력에 대한 자신감이 부족하기 때문이다).

5) 타인의 보살핌과 지지를 얻기 위해 무슨 행동이든 할 수 있다. 심지어는 불쾌한 일도 그 행동을 하여 보호만 얻어낼 수 있다면 자원해서 한다.

6) 혼자 있으면 불편하고 무력해지는데, 그 이유는 혼자서 해 나가다가 잘 못될 것 같은 심한 두려움을 느끼기 때문이다.

7) 친밀한 관계가 끝났을 때 필요한 지지와 보호를 얻기 위해 또 다른 사람을 즉시 찾는다.

8) 스스로를 돌봐야 하는 상황에 처하게 되는 것에 대한 두려움에 비현실적으로 빠지게 된다.

성격장애는 이와 같이 다양한 증상과 특징을 가지고 분류하지만 어떤 장애로 분류가 되든 어린 시절의 경험이 중요한 역할을 한다는 점을 기억해야 한다. 또한 어떤 장애가 더 나쁘고 덜 나쁘다의 문제가 아니며 복합적인 공병장애가 발생할 수 있다는 점도 유의해야 한다.

경계선 성격장애와 관련된 참고영화
- 위험한 정사(Fatal Attraction)
- 베티 블루(Betty Blue)

영화에서 찾아보는 법적 해석

영화를 본 사람이라면 우리는 분명 "블랙스완"에서 '니나'와의 공통점을 찾을 수 있지 않을까 한다.

'니나'에게 발레는 '니나' 그 자체였고, 그렇기 때문에 '니나'는 완벽해야만 했다. '니나'는 영화 속에서 사랑이라는 감정보다 타인의 성공을 위해 살아가는 착한 인물임을 알 수 있다.

그러나 자신속의 또 다른 자아를 발견하면서부터 완벽주의와 강박관념이 생겨 심리적 정신분열로 이어진 것이 아닌가 생각하며 영화 속에서 나타난 몇 가지의 범죄구성을 살펴보고자 한다.

❶ '니나'의 범죄행위

'니나'의 스트레스증후군에 의한 자해 행위는 어떻게 봐야하는가?

여러 시각이 가능하지만 기본적으로 "욕망의 억압"과 일탈을 통해 인간 "정체성의 모순"을 보여주는 심리영화라고 말하고 싶다.

1) 자해의 개념

자해란 자신의 신체에 스스로 상해를 입히는 행동을 말한다. 또는 의식적인 자살의도 없이, 직접적이고 의도적으로 자신의 신체에 손상을 가하는 행동으로, 자해 행동은 모든 감정을 끝내려는 시도가 아니라 더 나은 감정을 얻으려는 시도라는 점에서 자살과는 구별된다고 한다.

2) 범죄란?

범죄란 사회적 의미로 형벌을 받게 되는 행위라고 할 것이나 사회적 관점에서의 실질적 범죄개념과 법률적 관점에서의 형식적 범죄개념으로 나누어진다.

(1) 형식적 범죄의 개념

범죄를 형벌법규에 의하여 형벌을 과하는 행위라고 정의하므로 형벌을 과하기 위하여 행위가 법률상 어떤 조건을 갖추어야 하는가를 문제 삼는다. 따라서 범죄는 구성요건에 해당하고, 위법하고, 책임있는 행위를 말한다.

(2) 실질적 범죄의 개념

질서가 어떤 행위를 형벌에 의하여 처벌할 수 있는가를 말한다. 따라서 범죄란 형벌을 부과할 필요 있는 불법일 것을 요하며, 그것은 사회적 유해성 또는 법익을 침해하는 반사회적 행위를 의미한다고 해석하고 있으므로 입법자에게 어떤 행위를 범죄로 할 것이며, 범죄의 한계가 무엇인가에 대한 기준을 제시할 뿐 형법의 해석에 관하여는 간접적인 역할을 담당한다.

(3) '니나'의 정신착란에 의한 '릴리'의 살인

'릴리'의 살인, 자살 그리고 다른 '자아'현실과 '가상'의 무너진 경계.

주인공의 억압되어 있던 자아가 표출되는 욕망에 찬 "블랙스완"으로 완벽하게 탄생, 백조의 퍼포먼스를 마치고 흑조로 변신하기 위해 분장실에 돌아온 그녀는 자신의 경쟁자인 릴리와 배역을 다투다 우발적으로 깨진 거울의 파편을 들어 그녀를 찔러 죽이고 만다.

쓰러진 릴리를 화장실에 숨기고 무대로 돌아와 매혹적인 흑조를 완벽히 연기하고 분장실로 돌아오는데, 아까 싸우다 찔러 죽인 릴리가 활짝 웃으며 자신을 압도했다며 연기력을 추켜세워 준다.

그렇다면 니나는 지금까지 환시를 본 것인가?

그때 '니나'는 거울을 깬 것은 자기 자신과 어두운 자아와의 경계를 깬 것이고 찔러 죽인 것은 바로 자신임을 깨닫는다.

자신을 끊임없이 괴롭혔던 또 다른 자아에 대한 선택, 완벽함을 위해 선택한 '자살'이었다.

자살은 때때로 전염병 같은 파급력을 가지고 있어서 유명인의 자살을 언론에서 상세하게 다루는 것이 자살률을 높인다는 의미로 '베르테르 효과'라고 칭하기도 한다.

자살을 선택하는 이유는 다양하게 제시되었지만 명예를 위한 자살, 사회를 위한 자살, 스트레스로 인한 자살, 종교적인 이유의 집단 자살 등이 있다.

어떤 자살이든 현대 의학에서 말하는 자살은 정신건강의 문제로 보고 있다. 정신건강 전문가들의 말에 의하면 자살 전에 어떤 방법으로든 신호가 있

다고 주장하며 자살을 시도했거나 심각하게 고려하고 있는 사람을 응급
진료의 대상으로 판단한다.

특히 도파민이나 세로토닌 같은 두뇌화학물질과 연관된 우울증이 있는
사람은 자살 위험이 높은 것으로 본다.

그렇다면 남의 자살을 돕는 행위는 자살일까, 살인일까?

허용된 절차에 따라 의료인이 자살에 도움을 준 경우는 이 처벌 대상에
서 제외되기도 하다.

많은 법률적 사건에서는 자살도 범죄로 취급한다.

형법 제250조 제1항은 사람을 살해한 자는 사형, 무기 또는 5년 이상의
징역에 처한다. (존속살인) 제2항은 "자기 또는 배우자의 직계존속을 살
해한 자는 사형, 무기 또는 7년 이상의 징역에 처한다."라고 되어있다.
영화 속에서의 현실이 아닌 현실적 실질 살인이었다고 한다면 '니나'는
형법 제250조의 살인죄에 해당되며, 추후 범죄의 위법성 조각사유에 대
한 다툼을 통하여 형량감형에 대하여 논의될 사항이다.

❷ '니나'의 강박관념에 의한 정신장애와 형사책임

1) 정신장애와 형사책임

형법 제10조에 의하면 심신장애로 인하여 사물을 변별할 능력이 없거나
의사를 결정할 능력이 없는 자의 행위는 벌하지 아니하며, 심산장애로
인하여 사물을 변별할 능력이나 의사를 결정할 능력이 미약한 자의 행위
는 형을 감경한다. 이에 따라 정신질환 등으로 인한 가해자의
(1) 사물변별능력(합법과 불법을 구별할 수 있는 통찰능력)
(2) 의사결정능력(불법의 통찰에 따라 자신의 행위를 지배할 수 있는 조
  종능력)이 없거나 부족하면 형을 감면받는다.

2) 형의 감형

형법이 범행을 저지른 자의 형을 감면해주는 것은 책임능력과 관련이 있

다. 형법에서 '책임'이란 행위자가 범죄 이외에 다른 행위를 할 능력이 있었는데 범행충동을 억제하지 않고 위법행위를 한 것에 대하여 행위자에게 가해지는 비난가능성을 말한다.

끔찍한 범죄를 저지르고 피해자 가족들에게 회복할 수 없는 상처를 남긴 가해자가 정신질환인 "조현병"을 앓고 있다면 위 형법 제250조에 의하여 처벌받지 않거나, 형이 감경될 수 있다.

3) 범행 당시의 정신장애 판단기준

범행 당시 심신장애의 정도의 판단은 어떻게 할까. 가해자의 정신장애의 내용 및 그 정도 등에 관한 정신의의 감정결과를 중요한 참고자료로 삼지만 최종적으로 재판부가 결정하며, 이 때 ① 범행의 경위, ② 수단, ③ 범행 전후의 행동 등 제반 사정을 종합하여 범행 당시의 심신상실 여부를 경험칙에 비추어 규범적으로 판단한다.

예를 들어 범행대상을 미리 정해두고 계획적으로 범행을 저질렀다거나, 미리 준비한 범행도구를 사용했다거나, 범행 직후 치밀하게 사체를 은닉하였다는 등의 사정이 있다면 범행 당시 심신상실 상태였다고 인정하기 어려울 것이다.

4) 형법 제10조 제1 · 2항과 제3항의 관계성

(1) 심신장애로 인하여 사물을 변별할 능력이 없거나 의사를 결정할 능력이 없는 자의 행위는 벌하지 아니한다.

(2) 심신장애로 인하여 전항의 능력이 미약한 자의 행위는 형을 감경할 수 있다.

(3) 형법 제10조 제1항에서 말하는 "사물의 변별능력"이란 일반적으로 영미 법상의 McNaghten 원칙에서와 같이 지적 능력에 관한 요소지만 그것보다는 좀 더 넓게 해석하여 선과 악의 판단을 할 수 없는 경우뿐만 아니라 합리적인 판단을 할 수 없는 경우까지도 포함하는 개념이라고 한다.

대법원은, "형법상 심신상실자라고 하려면 그 범행 당시에 심신장애로 인하여 사물의 시비선악을 변식할 능력이나 또 그 변식하는 바에 따라 행동할 능력이 없어 그 행위의 위법성을 의식하지 못하고 또는 이에 따라 행위를 할 수 없는 상태에 있어야 하며 범행을 기억하고 있지 않다는 사실만으로 바로 범행 당시 "심신상실" 상태에 있었다고 단정할 수는 없다"라고 하면서, 감정 결과와 피고인이 그 범행의 일부 또는 전부를 기억하지 못한다는 사실만으로 심신상실 상태를 단정할 수 없다고 하였다. (대판 1985.05.28 선고 85도361)

그러므로 '니나'의 "살인행위"는 범행 당시 과대망상에 의한 정신장애로 인한 형법 제10조 제2항의 심신미약으로 인한 형의 감경을 받을 수 있는 사유가 되지 않을까 한다.

(4) 원인에 있어서 자유로운 행위

원인에 있어서 자유로운 행위란 행위자가 "고의" 또는 "과실"로 자기를 심신미약 또는 심신상실의 상태에 빠지게 한 후 이러한 상태에서 범죄를 실행하는 것을 말한다. 이 경우 행위자는 책임이 감경 또는 조각되지 아니하고 행위에 대한 완전한 책임을 부담하게 된다.

즉, 원인에 있어서 자유로운 행위는 위험의 발생을 예견하고 자의로 심신장애를 야기한 자의 행위에는 전 2항의 규정을 적용하지 아니한다.

예) 살인을 결심한 자가 용기를 얻기 위하여 "음주대취"한 후 명정상태에서 범행을 저지른 경우(고의), 운전을 해야 한다는 것을 생각하지 않고 음주하여 대취한 상태에서 운전하다가 사고를 낸 경우(과실). 원인에 있어서 자유로운 행위이론은 행위와 책임의 동시존재의 원칙을 고집할 경우에 발생하게 되는 "형사처벌"의 흠결을 보완하기 위하여 도출된 이론이다.

❸ '니나'의 '베스' 물건 절도

'니나'가 '베스'를 완벽하게 닮고 싶어 하는 마음에 '니나'는 '베스'의 립스틱, 귀걸이 등을 훔친다.

1) '니나'의 절도행위

형법 제329조(절도) - 타인의 재물을 절취한 자는 6년 이하의 징역 또는 1천만원 이하의 벌금에 처한다.

2) 절도죄의 설명

절도죄의 흔한 오해인 가난한 사람들만이 저지른다는 것과는 다르게 재력이 충분하거나 유명한 사람들조차도 저지른다.

실제로 절도 행위는 미국에 유학을 간 재력 있는 유학생과 명문대 재학생 혹은 출신자도 하고 싶어 한다는 통계가 있다.

책을 대량으로 훔쳐 중고책방에 대규모로 팔아넘긴 "기업형 절도범"도 있다. 유명 종편 채널 기자조차도 특종에 눈이 멀어서 해당 사무실이 있는 건물의 다른 층 세입자와 함께 사무실에 무단 침입하여 사무실 안에 있던 태블릿 PC와 USB, 핸드폰을 훔쳐가기도 했다고 한다.

3) 절도죄의 형량

절도죄는 "타인의 재물"을 절취하는 죄이다.

6년 이하의 징역이나 1천만원 이하의 벌금에 처한다.(형법 제329조) "재산죄"의 가장 시원적인 형태로 "재산죄"의 분류상 "재물죄", "영득죄", "탈취죄"에 해당한다. 침해범, 결과범, 상태범이다.

4) 절도죄의 객체

절도죄의 객체는 "타인의 재물"이다. 전술한 보호법익에 비추어 해석하면, 타인의 재물이라 함은 "타인이 점유하고 있는 타인 소유의 재물"이 된다.

이와 관련하여 ① 점유의 개념과 ② 재물의 개념은 "재산죄" 전반에 걸쳐서 매우 중요한 개념이다.

❹ 나의 욕망은 누구의 욕망일까?

어두운 자아를 이끌어내게 해주는 인물은 감독 '토마스'이다. 그러나 '토마스'의 '니나'에 대한 기습 키스장면은 '니나'가 원하지 않았다면 "성추행"이다. 그리고 지하철에 탄 '니나'에게 한 변태 노인의 저속한 '제스쳐'는?

1) 성추행

'블랙스완'에서 보이는 성추행은 "동성 간"의 성추행, 감독과 단원 간의 성추행, "동료 간"의 성추행 등 공공연하게 암묵적으로 발생한다.
무대 위에서의 우아함과 다르게 암투를 벌이고 험담하며 실수에 대해 엄격하고 무용수를 가르친다는 이유로 성희롱을 일삼는다.
성추행은 일방적으로 신체에 접촉해서 성적 수치심을 유발하는 행위를 말한다. 또한 강제추행은 성추행을 범죄로 규정한 법률상의 명칭이다.
그 이유는 본인에게 성적인 의도가 있었는지 없었는지의 유무는 "강제추행죄" 성립에 영향을 미치지 않기 때문이다.
'추행'이란 객관적으로 일반인에게 성적 수치심이나 혐오감을 일으키게 하고 선량한 성적 도덕관념에 반하는 행위로서 피해자의 성적 자유를 침해하는 것을 말하므로 주위의 객관적 상황과 그 시대의 성적 도덕관념 등을 종합적으로 고려하여 신중히 결정되어야 한다.

2) 형법 제298조의 해석

강간 이외에 신체적 접촉을 통한 성적 수치심 유발 행위를 말한다.
강간과 함께 성폭력의 범주에 들어가기 때문에, 이 행위는 형법 제298조 "강제추행죄" 와 이에 대한 특별법인 「성폭력 범죄의 처벌 및 피해자 보호에 관한 법률」에 의거하여 처벌된다.

3) 성추행 처벌

일반적으로 형량은 10년 이하의 징역 또는 1,500만원의 벌금형이다.

4) 지하철에서의 노인의 행동

공중 밀집장소에서의 성추행에 해당하므로 1년 이하의 징역 또는 300만
원 이하의 벌금에 처한다.

❺ 판례로 본 범죄사례

1) 범행당시의 정신상태에 관하여서는 전문의에 의한 의학상의 감정
   에 의하지 아니하면 정신의 미약 정도를 인정키 난해하다 할 것
   인데 증인의 증언 만에 의하여 범인의 범행 당시에 정신상태가
   사물을 변별할 능력이 미약하다고 인정하였음은 위법이라고 판시
   (대법 4291형상415)

2) 피고인이 범행 당시 그 "심신장애"의 정도가 단순히 사물을 변별
   할 능력이나 의사를 결정할 능력이 미약한 상태에 그쳤는지 아니
   면 그러한 능력이 상실된 상태이었는지 여부가 불분명하므로, 원
   심으로서는 먼저 피고인의 정신상태에 관하여 충실한 정보획득
   및 관계 상황의 포괄적인 조사, 분석을 위하여 피고인의 정신장
   애의 내용 및 그 정도 등에 관하여 정신 의로 하여금 감정을 하
   게 한 다음, 그 감정결과를 중요한 참고자료로 삼아 범행의 경위,
   수단, 범행 전후의 행동 등 제반 사정을 종합하여 "범행 당시의
   심신상실" 여부를 경험칙에 비추어 규범적으로 판단하여 그 당시
   심신상실의 상태에 있었던 것으로 인정되는 경우에는 "무죄"를
   선고하여야 한다.(대판 98도549)

3) 승객이 놓고 내린 지하철의 전동차 바닥이나 선반 위에 있던 물

건을 가지고 간 경우, 지하철의 승무원은 "유실물법상" 전동차의 관수자로서 승객이 잊고 내린 유실물을 교부받을 권능을 가질 뿐 전동차 안에 있는 승객의 물건을 점유한다고 할 수 없고, 그 유실물을 현실적으로 발견하지 않는 한 이에 대한 점유를 개시하였다고 할 수도 없으므로, 그 사이에 위와 같은 유실물을 발견하고 가져간 행위는 "점유이탈물 횡령죄"에 해당함은 별론으로 하고 절도죄에 해당하지는 않는다.(대판 99도3963)

4) 피씨방에 두고 간 다른 사람의 핸드폰을 취한 행위가 "절도죄"를 구성한다.(대판 2006도9338)

5) 당사자 사이에 자동차의 소유권을 그 등록명의자 아닌 자가 보유하기로 약정한 경우, 그 약정 당사자 사이의 내부관계에 있어서는 등록명의자 아닌 자가 소유권을 보유하게 된다고 하더라도 제3자에 대한 관계에 있어서는 어디까지나 그 등록명의자가 자동차의 소유자이다.(대판 2000도5767)

['순간적 격정에 의한 살인' 형량 감경]

영미법상 살인죄의 형량을 감경해주는 사유로 '순간적인 격정에 의한 살인(Heat of Passion Killings)'이라는 것이 있다. 이때 순간적인 격정으로 인정되는 대표적인 것이 배우자의 부정한 행위를 목격한 직후에 살인을 저지르는 경우다. 누구나 마음속에 질투심이라는 지옥을 가지고 있음을 알기에 이런 제도를 둔 것이다.

범죄 원인을 인간의 마음속에서 찾을 때 제1의 용의자를 꼽는다면 역시 질투를 들지 않을 수 없다.

우리가 영화나 방송을 통해서 들어 봤을법한 말 중에 "죄질이 무겁지만 반성하고 있어 감형한다."라는 경우가 있다.

재판부가 피고인들의 상황적, 심리적, 정신적, 신체적 내용들을 살펴보고 그에 적합한 죄의 감경이 있을 수 있는 것이다.

CINEMA 07
인썸니아

패닉 룸(2002)   01

파이트 클럽(1999)   02

노이즈(2004)   03

케빈에 대하여(2011)   04

캐치 미 이프 유 캔(2002)   05

블랙스완(2010)   06

인썸니아(2002)   **07**

목격자(2017)   08

3096일(2013)   09

뷰티풀 마인드(2002)   10

"좋은 경찰은 수사 때문에 잠을 못 이루고,
나쁜 경찰은 죄책감 때문에 잠을 못 자죠."

인썸니아

Insomnia

인썸니아 Insomnia

장르: 스릴러
감독: 크리스토퍼 에드워드 놀란
출연: 알 파치노(윌 도머) /
　　　로빈 윌리엄스(월터 핀치) /
　　　힐러리 스웽크(엘리 버)

• 등장인물

알 파치노	로빈 윌리엄스	힐러리 스웽크
윌 도머	월터 핀치	엘리 버

이 영화는 스웨덴 동명 영화의 리메이크 작품으로 너무나 유명한 감독 '크리스토퍼 에드워드 놀란'이 '불면증'을 심하게 겪는 주인공을 통해서 스토리를 담아 냈다.

실질적으로 감독의 이름을 세상에 알리게 된 작품은 '메멘토'라고 볼 수 있는데, 메멘토는 그 이전 작품을 통해서 얻은 투자금과 상금을 모두 투자해서 만든 독특한 구조의 스릴러 작품이었다.

이렇게 범죄영화 감독으로 성공을 거둔 후, 거물급 명배우인 '알 파치노'와 '로빈 윌리엄스'의 연기 대결만으로도 화제를 모으면서 만들어낸 세 번째 장편영화 '인썸니아'도 역시 호평을 받긴 했지만 대중들에게 많이 알려지진 않았다.

이 작품이 전작인 메멘토 만큼의 강렬함이 적어서 관심을 덜 받았을 수 있지만 이 작품은 눈여겨볼 만한 점 세 가지가 있다.

첫 번째 특이점은 미국의 대표 가족코미디 배우로 알려진 '로빈 윌리엄스'의 몇 편 안 되는 악역 작품이기도 하다는 것.

'로빈 윌리엄스' 하면 떠오르는 감성은 워낙 따뜻한 가족 이야기와 유머러스하고 흐뭇함을 전하는 전문배우의 이미지라서 악한 배역에 대한 논란이 있었지만 "역시는 역시야"라고 말할 수 있을 만큼 악역연기도 훌륭히 소화해냈다는 평을 받았다.

두 번째 눈여겨볼 점은 '인셉션', '인터스텔라', '덩케르크' 등의 명감독 '크리스토퍼 놀란'의 작품들이 대체로 '시간'이라는 소재를 중요한 모티브로 다룬다는 점과 크리스토퍼 놀란이 각본과 연출을 직접 지휘하는 편이라는 점에 비해서 영화 '인썸니아'는 '리메이크' 작품이기도 하고 직접 각본을 쓰지 않고 연출만 한 장편영화라는 점이다.

그러나 우리에겐 리메이크 작품이거나 아니거나 보다 명감독과 명배우가 만나서 만든 이 작품은 많은 이야기를 나눌 수 있는 영화라는 점이 중요하고, 경찰이든 일반인이든 인간이 갖는 양심이라는 부분과 그 갈등이 빚어내는 범죄의 고리, 그리고 그로 인한 불면의 고통이 바로 우리가 생각해 보아야 할 부분이기도 하다.

세 번째는 주인공으로 등장하는 '윌 도머'라는 이름에도 감독의 세세한 계획이 숨어 있었다. '도머'는 라틴어 'dormire'이고, 영어의 뜻이 'to sleep'이라는 것이다.

• 스토리 전개

밤이 없이 낮만 계속되는 '백야' 기간에 접어든 알래스카의 외딴 마을의 쓰레기 하치장에서 불과 17세의 소녀가 '전라'의 모습으로 발견됐다.

이 사건에는 LA경찰국 소속 베테랑 형사로 유명한 '도머(알 파치노)'가 투입되었지만, 용의자도 없고 단서도 없으며 목격자도 없는 상태다.

'도머'는 감정적으로 좋지 않게 엮인 사연이 있기는 해도 오랜 파트너인 '햅(마틴 도노반)'과 현지 지방 경찰인 '엘리(힐러리 스웽크)'와 함께 사건수사를 처음부터 다시 시작한다.

하지만 범인은 살인을 저지른 후 시체의 머리도 감겨주고 손발톱을 다듬고 구석구석 닦아주는 등 여유롭고 지능적인 행동을 통해 흔적을 남기지 않아서 단서를 좀처럼 찾기가 어렵다.

그러던 중 우연히 단서를 찾아내어 용의자를 추적하게 되는데 5일이 넘도록 잠을 이루지 못한 채 안개가 심하게 쌓인 해변에서 사고로 파트너인 '햅'을 사살하게 된다. 이런 실수를 저지른 스스로에 대해 너무도 당황스러운 도머는 아무도 본 사람이 없다고 생각하고 범인의 총에 맞은 것으로 위장하려 하지만 도리어 범인인 '월터 핀치(로빈 윌리엄스)'가 이 광경을 목격한다.

백야로 인한 불면으로 시달리던 어느 날 '도머'에게 한 통의 전화가 걸려오고, 수화기 너머로 "난 봤어. 동료를 쏘는 거, 당신 품에서 죽었지. 강변에서.." 라는 낮은 목소리의 한 남성이 말했다.

평소에 냉철한 판단력으로 다른 형사들로부터 존경을 받던 '도머'였지만 수사망은 점점 좁혀오고 동료를 죽인 자신에 대한 죄책감으로 결국 사건

출처: Daum 영화

을 은폐하며 이중적인 모습을 보여준다.

소녀의 살인범 '월터'와 이중관계가 된 '도머'는 '햅'의 살인 혐의까지 씩우려고 계획하지만 '월터'는 만만한 상대가 아니었다.

한편, '햅'의 사건을 조사하던 '엘리'는 '도머'의 조언에 따라 추가적인 조사를 하다가 이런저런 의문점들을 발견했고, '햅'이 '도머'의 백업 권총에 의해 죽었을 가능성이 있음을 깨닫지만, '월터'를 만나러 갔다가 피해자의 드레스를 가지고 있는 것을 발견하면서 그가 진범임을 깨닫는데 역습을 당한다.

'도머'는 알래스카를 떠나기 전 경찰서에 전화했다가 '엘리'가 '월터'를 만나러 갔다는 말에 '엘리'를 뒤쫓아 갔다가 월터에게 당할 뻔 한 '엘리'를 돕는다.

그러나 '도머'는 총격전 끝에 '월터'를 사살하고 본인도 총상을 입게 되어 죽음을 앞둔 순간에 '엘리'에게 "너의 길을 잃지 마라"는 말을 남기고 숨진다.

현대인들은 충분한 수면을 취하지 못해서 힘들어하는 경우가 많지만 대개의 경우에는 "스트레스가 많아서", "나이가 들어서", "잠잘 타이밍을

출처: Daum 영화

놓쳐서" 등의 말로 스스로 합리화하거나 심각하게 생각하지 않는 경우도
많다.

또한 "나는 불면증이 좀 있어" 정도라고 표현을 하지만 수면을 방해하는
원인과 요소가 무엇인지를 제대로 생각해 보는 경우는 그리 많지 않다.
하지만 수면장애에는 여러 가지 명칭의 원인과 행동패턴들이 있다는 것
을 알아두는 게 좋겠다.

영화에서 만나보는 수면장애^{sleep disorder}

'도머'는 그가 해결한 사건들이 경찰대학에서 강의교재로 사용될 만큼 대
단한 형사였지만, 문제가 있어서 내사가 진행 중인 상태였고 그 압박감은
증거 조작을 했음이 밝혀질 상태의 압박감이라서 상당 수준에 있었다.

일반적으로는 사람이 잠을 이루지 못한 상태로 하루만 지나도 몽롱한 느낌을 받게 되는데 영화 속에서는 바로 이런 '불면'에 대해 '형사'를 통해서 잘 묘사해 주고 있다. '도머' 형사처럼 며칠씩이나 잠을 이루지 못하는 상태가 되면 아마 서 있어도 공중에 떠 있는 느낌이 들 수 있고 깨어 있어도 깨어 있는 건지 꿈속인지 구별이 잘 안 되는 상태까지 간 것이다. 그런 상태에서 알래스카에서 요청한 수사협조에 투입된 '도머'는 백야현상까지 마주하게 되면서 심리적 압박감과 극심한 불안감으로 인해 불면에 시달리게 되고 기억들의 모호함까지 생긴다.

영화는 이 모호함을 '안개'라는 것으로 표현한다.

그리고 안개 속에서 발생한 동료의 죽음이 진정한 사고 또는 기억에서 지우려는 사고인지, 아니면 '도머' 형사의 의도적 살인인지 뚜렷하지 않은 경계로 모호하게 처리한다.

출처: http://hygall.com/277294461

결국 영화가 제시하는 제목 '인썸니아'는 '도머' 형사의 심리 상태를 표현하려 했다는 것을 짐작해볼 수 있다.

정계·재계를 비롯한 유명 인사들의 이야기를 들어보면 마치 잠이 없어야만 성공한 사람이 되는 것처럼 수면의 시간이 길지 않고 새벽형이 많다는 것을 느끼지만 평균적인 성인의 적정 수면 시간은 7~8시간이라고 한다.

사람마다 수면의 생체리듬이 달라서 하루 4~5시간을 자는 것으로 깊고 충분한 수면을 취하는 사람들도 있지만 장수하는 노인들을 보면 대부분 적게 자기보다는 평균 수면시간이라고 알려진 7.5시간을 잔다고 한다.

수면의 양은 연령적으로도 차이가 있는데 현실적으로 실천이 가능하다고 생각하긴 어려우나, 신생아는 하루에 16~18시간의 수면을 나눠서 취하고, 6~12세 어린이는 하루 10~11시간의 수면을 필요로 하며 12~18세 청소년들은 하루 최소 9~9.25시간 정도의 수면을 필요로 한다는 연구 결과도 있다.

또한 노인의 수면은, 잠이 들기까지의 시간이 길어지면서 침대에 누워 있는 시간은 길어지지만 수면의 효율은 떨어져서 불면증에 취약하게 된다는 점과 함께 수면 무호흡, 심폐질환 등이 수면분절을 더 가속화시킨다고 한다.

요약해보면 사람은 일생의 1/3을 잠을 잔다고 한다.

충분한 잠이 필요한 이유는 종일 지친 뇌와 신체를 회복시키고 기억력, 감정조절, 성장발달, 학습력, 성기능, 면역력 등을 향상시키기 때문이다. 그런 필요성이 있음에도 불구하고 현대인들이 하루에 7시간 정도의 수면을 충분히 취하는 경우가 많지 않고 수면을 방해하는 다양한 요소들이 있으니 그 부분에 대한 내용들을 인지하는 것도 생활의 중요한 Tip이 될 것이다.

*수면의 5단계

1단계	NON－REM수면 단계	얕은 수면 각성상태에서 수면으로 이행하는 단계
2단계		수면시간의 50%에 해당
3단계		숙면 (호흡 & 심장박동이 느려지고 깨우기 힘듦)
4단계		
5단계	REM수면단계	꿈수면(빠른 안구 운동)

 Tip! 숙면을 돕는 생활습관

1) 숙면을 해야 한다는 스스로의 강박을 갖지 않는다.
2) 충분한 환기를 시킨다.
3) 규칙적인 생활리듬을 만든다.
4) 발을 따뜻하게 하고 족욕을 한다.
5) 매일 가벼운 스트레칭을 한다.
6) 야식은 줄이고 불면증에 좋은 차나 음식을 먹는다.
7) 잠들기 30분전에 티비나 스마트폰을 끈다.
8) 카페인 섭취를 절제한다.
9) 5분 내에 잠이 들지 않으면 일어나서 다른 일을 하다가 다시 시도한다.
10) 빛을 최대한 차단하고 음악이나 라디오를 틀어놓지 않는다.

*수면장애

수면장애란 건강한 수면을 취한지 못하거나, 충분한 수면을 취했어도 낮 동안에 각성을 유지하지 못하는 상태, 또는 수면리듬이 흐트러져 있어서 잠자거나 깨어 있을 때 어려움을 겪는 상태를 포함하는 폭넓은 개념이다. 불규칙한 수면의 패턴이 지속되면 수면장애로 이어지는데, 수면장애는 기억력과 집중력에 문제를 일으키고 두통과 우울증, 신경과민의 원인이 된다.

어쩌면 현대인들의 불면증 의심 증상을 살펴보면 누구나 공통적으로 가지고 있는 것일 수도 있다고 생각되지만 밤에 20분 내로 잠들지 못하고, 밤에 잠들기 힘든 기간이 한 달 이상 됐으며, 잠들어도 자주 깨거나 아침에 일찍 깨서 수면이 많이 부족한 상태, 낮 동안 피로가 심하고 저녁이면 제대로 못 잘 것 같은 생각에 불안한 상태를 보인다.

❶ 수면장애 관련질환의 종류

1) 불면증

'불면증'이란 말 그대로 잠이 오지 않는다는 뜻을 가지고 있는데 의학적 정의로 보면 '잠이 쉽게 들지 않거나, 잠이 들었어도 자주 깨거나, 아침에 일어났을 때 피곤함이 계속 남아있어서 스스로가 불편함을 느끼는 것'이라고 한다. 현대인들에게 불면증이란 3명 중 한 명이 불면증을 호소하고 있다고 할 정도로 모든 연령층에서 발생하며 여자와 노인에게서 더 흔하게 나타난다.

특히 우리나라의 약 5%가 만성불면을 호소한다고 하고 약 20% 이상이 불면증을 경험한다.

최근에 수면장애가 증가하는 이유로 가장 많이 언급되는 것은 스트레스의 증가, 노령화 급증, 물질남용 등을 들 수 있다.

2) 하지불안증후군

잠들 무렵 통증은 아니지만 종아리 부분이 가려운 듯한 느낌 또는 당기는 듯한 불편한 느낌, 벌레가 기어가는 느낌 등이 들어 잠들기 힘든 증상을을 말한다. 증상은 대개 야간에 심해지지만 낮 동안에도 누워 있거나 같은 자세의 다리로 움직이기 어려울 때 또는 휴식 중에 근질거리는 이상 감각이 나타나기도 한다.

이 증상이 생기는 원인으로 여러 가지가 있지만 특히 도파민의 농도 불균형, 뇌 또는 척수의 저산소증, 항우울제나 항히스타민제 복용, 흡연이나 음주 또는 운동부족으로 인한 건강저하 등을 꼽기도 한다.

3) 코골이 또는 수면무호흡증

매우 흔한 생리현상이지만 코골이가 있는 사람의 75%가 수면무호흡증을 동반한다.

하룻밤에 40회 이상의 수면무호흡증이 나타나게 되면 낮 동안 피로감, 두통, 무기력감, 우울감 등을 유발한다.

무호흡은 호흡이 10초 이상 정지하고 호흡의 크기가 기본치의 80% 이상 감소된 경우이며, 저호흡은 호흡이 10초 이상 정지하고 기본치의 50% 이상 감소된 경우를 말한다고 한다.

자료에 따르면 외국의 경우 수면무호흡증의 유병률은 남자 4%, 여자 2% 내외이고 국내에서도 유사한 연구 결과가 보고되었다.

4) 수면 중 주기적 수족 움직임

수면중에 발이나 다리가 1~2초 순간적인 움직임을 자주 보이는 증상으로 대개 약 30초 간격으로 움직인다.

우리가 알고 있는 것보다 적은 비율이 아니며 불면증의 15% 정도가 이것이 원인이고 젊은층보다 노인에게서 더 자주 발생한다.

5) 몽유병(수면보행증)

수면 중에 일어나 걸어 다니는 행동을 반복적으로 보일 때 진단된다. 보통 수면보행 중에 멍하게 허공을 주시하는 모습을 보이기도 한다.

6) 과면증

야간에 7시간 이상의 수면을 취했음에도 아침에 일어나서 몹시 피로하거나 개운하지 않고 낮에도 심한 졸음을 호소하는 수면과다증이다.
수면장애의 한 종류지만 정신질환(우울증 또는 PTSD 등), 유전적 질환, 스트레스 등이 발병 원인이다.

7) 야경증: 수면 중에 일어나는 경악장애

🎁 수면에 도움이 되는 음식

소고기-단백질, 트립토판, 비타민B3, 철분
참치&연어-오메가3지방산
아스파라거스-비타민B, 칼슘, 마그네슘
아보카도-비타민B
시금치-마그네슘, 비타민B
브로콜리-철분
아몬드-비타민B, 마그네슘, 칼슘
요거트, 유제품-트립토판
바나나-마그네슘
체리-멜라토닌
키위-세로토닌
밀이나 보리-트립토판, 마그네슘
상추-렉타카리움
새우-트립토판
병아리콩-비타민B6

> ▶ 신경과적으로 본 수면질환 검사 종류
>
> 수면다원검사, 양압호흡기 적정압력검사, 다중수면잠복기검사, 수면각성활동
> 량검사 등이 있다.

> 🎥 수면장애와 관련된 참고영화
> - 머시니스트(The Machinist)
> - 랜드 오브 플렌티(Land of Plenty)
> - 마라(Mara)
> - 광해군
> - 인 마이 슬립(In My Sleep)
> - 헨리 이야기(Regarding Henry)
> - 이터널 선샤인(Eternal Sunshine of the Spotless mind)

8) 기면증

수면발작증이라고도 부르며 주간의 과도한 수면과 관련된 질환으로, 참을
수 없이 쏟아지는 졸음으로 갑작스럽게 잠에 빠져들기도 하며, 먹거나 말
하거나 운동 중이거나 운전 중일 때 등의 상황에서도 나타날 수 있다.
기면증의 정확한 원인은 밝혀진 바 없지만 첫 발생은 청소년기에 나타나
는 경우가 많고 뇌에서 수면과 각성을 유도하는 신경전달물질인 하이포
크레틴의 저하와 관련이 있다고 추측하고 있다.
기면증의 증상은 한 가지로만 정의하지 않고 크게 수면발작, 허탈발작,
수면마비, 환각증상이라는 네 가지로 나눈다.

- **수면발작**: 심하면 말하거나 먹다가 또는 걷다가 졸음에 빠지기도 할
  정도로 일상에서 참을 수 없이 졸음이 쏟아지는 것이다.

- **허탈발작**: 기면증 환자의 70% 정도에 해당할 정도로 많고, 크게 웃거나 화낼 때 골격근의 힘이 빠지는 듯한 증상이다.
- **수면마비**: 일명 '가위눌림'이라고 부르는 이 증상은 골격근의 마비가 나타나는 현상을 말하는데 보통 꿈꾸는 수면 직후, 수면 시작 또는 끝 무렵에 나타나는 현상이다.
  보통 1~4분 정도 지속되고 급격하거나 또는 서서히 끝나게 되는데 깨어있거나 반쯤 깨어있는 상태에서 움직이지 못하게 된다.
- **환각증상**: 잠에 들거나 깰 때 느껴지는 환각으로 잠에서 깬 이후에도 꿈을 지속하고 있는 듯이 느껴지게 된다.

* 기면증 셀프 체크 리스트(대한수면학회)

활동 종류	졸음 정도
앉아서 독서	
TV 시청	
극장 등 공공장소에서 가만히 앉아 있을 때	
차에서 한시간 이상 승객으로 앉아 있을 때	
오후에 누워서 쉴 때	
앉아서 대화할 때	
점심 식사 후 조용히 앉아 있을 때	
차가 멈춰 수분 동안 신호를 기다릴 때	

(전혀 졸지 않는다 0점, 약간 존다 1점, 존다 2점, 많이 존다 3점.
각 항목 점수의 합이 10점이 넘을 때 기면증을 의심할 수 있다.)

영화에서 찾아보는 법적 해석

"인썸니아(Insomnia)"는 우리말로 "불면증"을 뜻한다. 알래스카를 배경
으로 진행되는 영화 스토리를 보면, 왜 불면증인지 알 수 있다.
사람의 불안한 심리를 섬세하게 표현하고 있다. 초점이 흐릿한 눈동자,
헝클어진 머리, 정신 나간 듯한 표정 등 그리고 잠을 자지 못한 이에게
나타날 수 있는 여러 행동들이 잘 표현된 영화라고 본다.

영화 속에서의 법률적 범죄행위 구성

❶ '도머'의 실수에 의한 '햅' 살인사건에서의 증거인멸

증거인멸죄(證據湮滅罪)는 타인의 형사사건 또는 징계사건에 관한 증거
를 인멸·은닉·위조 또는 변조하거나 위조 또는 변조한 증거를 사용하
는 죄 및 타인의 형사사건 또는 징계사건에 관한 증인을 은닉 또는 도피
하게 하는 죄를 말한다.

1) 인멸의 의미

'인멸'은 물질적 멸실(物質的滅失)뿐 아니라 그 가치를 멸실·감소시키는
행위도 포함한다.

2) 타인의 의미

'타인'이란 자기 이외의 자이다. 그런데 자기의 사건에 관한 증거라도 동
시에 타인의 사건에 관한 증거인 때에는 본죄의 객체가 된다.

3) 은닉의 의미

남의 물건이나 범죄인을 감추는 것을 말하며. 또한 법률 물건의 효용을
잃게 하는 행위를 말한다. 또한 죄를 저지른 사람이나 장물을 숨김으로

써 성립하는 범죄이다.

❷ 증거인멸죄의 형량

5년 이하의 징역 또는 700만원 이하의 벌금에 처한다. 피고인·피의자
또는 징계 혐의자를 모해할 목적이 있는 때에는 10년 이하의 징역으로
가중하여 처벌한다.(형법 제155조 제3항)

❸ 증거인멸죄의 판례

1) 피고인이 자기의 형사사건에 관하여 허위의 진술을 하는 행위는
피고인의 형사소송에 있어서의 방어권을 인정하는 취지에서 처벌
의 대상이 되지 않으나, 법률에 의하여 선서한 증인이 타인의 형
사사건에 관하여 위증을 하면 형법 제152조 제1항의 위증죄가 성
립되므로 자기의 형사사건에 관하여 타인을 교사하여 위증죄를
범하게 하는 것은 이러한 방어권을 남용하는 것이라고 할 것이어
서 교사범의 죄책을 부담케 함이 상당하다.(대판 2003도5114)

2) 가처분사건이 변론절차에 의하여 진행될 때에는 제3자를 증인으
로 선서하게 하고 증언을 하게 할 수 있으나 심문절차에 의할 경
우에는 법률상 명문의 규정도 없고, 또 구 민사소송법(2002. 1.
26. 법률 제6626호로 전문 개정되기 전의 것)의 증인신문에 관한
규정이 준용되지도 아니하므로 선서를 하게하고 증언을 시킬 수
없다고 할 것이고, 따라서 제3자가 심문절차로 진행되는 가처분
신청사건에서 증인으로 출석하여 선서를 하고 진술함에 있어서
허위의 공술을 하였다고 하더라도 그 선서는 법률상 근거가 없어
무효라고 할 것이므로 위증죄는 성립하지 않는다.(대판 2003도
1609)

3) 형법 제152조 제2항의 모해위증죄에 있어서 '모해할 목적'이란 피고인·피의자 또는 징계혐의자를 불리하게 할 목적을 말하고, 허위진술의 대상이 되는 사실에는 공소 범죄사실을 직접, 간접적으로 뒷받침하는 사실은 물론 이와 밀접한 관련이 있는 것으로서 만일 그것이 사실로 받아들여진다면 피고인이 불리한 상황에 처하게 되는 사실도 포함되고, 이러한 모해의 목적은 허위의 진술을 함으로써 피고인에게 불리하게 될 것이라는 인식이 있으면 충분하고 그 결과의 발생까지 희망할 필요는 없다.(대판 2006도3575)

4) 형법 제155조 제1항에서 증거를 위조한다 함은 증거 자체를 위조함을 말하는 것이므로 선서무능력자로서 사고현장을 목격한 일이 없는 사람에게 현장을 목격한 것처럼 허위의 진술을 하게 하는 것은 이에 해당하지 아니한다.(대판 97도2961)

5) 형법 제155조 제1항은 '타인의 형사사건 또는 징계사건에 관한 증거를 인멸, 은닉, 위조 또는 변조하거나 위조 또는 변조한 증거를 사용한 자'를 처벌한다고 규정하고 있는바, 증거인멸 등 죄는 위증죄와 마찬가지로 국가의 형사사법작용 내지 징계작용을 그 보호법익으로 하므로, 위 법조문에서 말하는 '징계사건'이란 국가의 징계사건에 한정되고 사인 간의 징계사건은 포함되지 않는다.(대판 2007도4191)

6) 피고인 자신을 위한 증거인멸행위가 동시에 피고인의 공범자 아닌 자의 증거를 인멸한 결과가 되는 경우 증거인멸죄가 성립하지 아니한다.(대판 94도2608)

❹ 위증과 증거인멸의 죄

1) 형법 제10장 위증과 증거인멸의 죄, 형법 제152조(위증, 모해위증)

(1) 법률에 의하여 선서한 증인이 허위의 진술을 한 때에는 5년 이하의 징역 또는 1천만원 이하의 벌금에 처한다.

(2) 형사사건 또는 징계사건에 관하여 피고인, 피의자 또는 징계혐의자를 모해할 목적으로 전항의 죄를 범한 때에는 10년 이하의 징역에 처한다.

2) 형법 제153조(자백, 자수)

전조의 죄를 범한 자가 그 공술한 사건의 재판 또는 징계처분이 확정되기 전에 자백 또는 자수한 때에는 그 형을 감경 또는 면제한다.

3) 형법 제154조(허위의 감정, 통역, 번역)

법률에 의하여 선서한 감정인, 통역인 또는 번역인이 허위의 감정, 통역 또는 번역을 한 때에는 전2조의 예에 의한다.

4) 형법 제155조(증거인멸 등과 친족 간의 특례)

(1) 타인의 형사사건 또는 징계사건에 관한 증거를 인멸, 은닉, 위조 또는 변조하거나 위조 또는 변조한 증거를 사용한 자는 5년 이하의 징역 또는 700만원 이하의 벌금에 처한다.

(2) 타인의 형사사건 또는 징계사건에 관한 증인을 은닉 또는 도피하게 한 자도 제1항의 형과 같다.

(3) 피고인, 피의자 또는 징계혐의자를 모해할 목적으로 전2항의 죄를 범한 자는 10년 이하의 징역에 처한다.

(4) 친족, 호주 또는 동거의 가족이 본인을 위하여 본조의 죄를 범한 때에는 처벌하지 아니한다.

5) 국가보안법 제12조(무고, 날조)

(1) 타인으로 하여금 형사처분을 받게 할 목적으로 이 법의 죄에 대하여 무고 또는 위증을 하거나 증거를 날조·인멸·은닉한 자는 그 각조에 정한 형에 처한다.

(2) 범죄수사 또는 정보의 직무에 종사하는 공무원이나 이를 보조하는 자, 또는 이를 지휘하는 자가 직권을 남용하여 제1항의 행위를 한 때에도 제1항의 형과 같다. 다만, 그 법정형의 최저가 2년 미만일 때에는 이를 2년으로 한다.

❺ 증거인멸의 보호법익

위증죄와 증거인멸의 보호법익은 모두 국가의 사법권이다.

위증죄는 허위진술 등 무형적인 방법으로 증거의 증명력을 해하는 범죄임에 비하여 증거인멸죄는 유형적인 증거의 증명력을 해하는 범죄라는 점에서 서로 다르다. 이런 의미에서 위증죄는 증거인멸죄에 대하여 특별관계에 있다.

❻ 해외에서의 증거인멸의 죄

1) 미국

(1) 불륜을 저지른 빌 클린턴 대통령의 르윈스키 스캔들이나 불법도청을 한 닉슨의 워터게이트 사건에서 당사자들이 가장 크게 문제되었던 것은 위증이었다. 불륜이야 개인의 문제고, 불법도청도 정치하는 과정에서 할 수도 있는 실수인 데다 닉슨이 그걸 사전에 알았다는 것은 밝혀졌어도 중요 역할을 했는가에 대해서는 확실한 것이 없었기에 큰 잘못은 아니었지만, 그것을 감추려고 속임수를 쓴 것이 더 부도덕한 것으로 취급되었다.

미국 사법체계에서 위증죄는 엄청난 범죄다. 두 대통령은 단지 위증

을 했다는 이유로 탄핵 직전까지 몰렸고, 닉슨은 쫓겨날 게 확실해
지자 의회에 의한 대통령 탄핵의 선례를 남겨 후임 대통령이 부담을
지지 않도록 자진사퇴했다. 클린턴은 억울했는지 상원까지 끌고 가
서 탄핵 취소로 간신히 살아남았지만 결국 정권은 공화당으로 넘어
갔다. 마찬가지의 이유로 증거인멸도 커다란 범죄이다.

(2) 미국 비자 발급 시에 본인의 범죄 기록을 숨겼다가 적발되면 영영
미국 땅을 못 밟는 경우가 생길 수도 있다. 법정에서의 위증은 아니
지만 미국연방정부에서는 행정상의 위증으로 간주하며 사법상의 위
증만큼 강력한 처벌이 기다리고 있다.

당장 위 문단에서 위증으로 인해 미국 대통령 직을 사임하게 된 사례
들을 보면 미국이란 국가가 얼마나 위증을 강력범죄로 여기는지 알
수 있다.

MLB에서 한때 이슈가 되었던 본즈, 클레멘스 등의 약물 복용자들의
재판 사례 및 무죄 사례들 역시 약물 복용 행위 자체가 아니라 위증
에 대한 것들이기도 하다.

2) 일본

한국에서는 범인은닉, 위증, 증거인멸이 각각 '도주와 범인은닉의 죄', '위
증과 증거인멸의 죄'의 장에서 다루어지고 있지만 일본에서는 '범인은닉과
증거인멸의 죄', '위증죄'의 장에서 다루어지고 있다. 또 일본 형법에는 한
국에는 없는 '증인 등 협박'[제105조의2(증인 등 협박) 자기 또는 타인의
형사사건의 수사 또는 심판에 필요한 지식을 가졌다고 인정되는 자 또는
친족에 대해 해당 사건에 관한 정당한 이유가 없이 면회를 강요하거나 협
박한 경우 1년 이하의 징역 또는 20만엔 이하의 벌금에 처한다.]
조항이 있는 것도 특징이다.[한국에서는 특정범죄 가중처벌 등에 관한
법률 제5조의9(보복범죄의 가중처벌 등)에 나옴]

3) 우리 형법 및 판례에 따르면 피의자나 피고인은 수사기관이나 법정에

서 거짓말하거나 증거를 인멸하더라도 범인을 은닉하는 경우를 제외하고는 아무런 처벌이나 양형상 불이익을 받지 않고, 참고인은 더 나아가 진범을 보고 진범이 아니라고 거짓말하더라도 범인은닉으로도 처벌받지 아니하며, 증인에 대한 피의자 등의 강요행위도 처벌할 수 없다.

❼ '핀치'의 17세 소녀 살인 및 사체유기에 대한 죄

1) 사체유기죄

사체유기죄(死體遺棄罪)는 죽은 사람의 몸(시체)·뼈(유골)·머리카락(유발)이나 관(棺) 내에 장치한 물건을 유기함으로써 성립하는 범죄이다.

(1) 사체는 시체, 즉 죽은 사람의 몸을 가리키므로, 모체(母體) 안에서 죽은 후에 분만된 사산아(死産兒)의 몸은 사체유기죄의 사체에 해당하지 않는다.

(2) 유기란 사회통념상 인정되는 방법이나 절차를 거치지 않고 시체 등을 고의로 버리는 행위를 말한다.

2) 법률조항 및 양형기준[형법 제161조(사체 등의 영득)]

(1) 사체, 유골, 유발 또는 관내에 장치한 물건을 손괴, 유기, 은닉 또는 영득한 자는 7년 이하의 징역에 처한다.

(2) 분묘를 발굴하여 전항의 죄를 범한 자는 10년 이하의 징역에 처한다.

3) 판례

(1) 비록 범행을 은폐할 목적으로 시신을 화장했다 할지라도 일반 화장 절차에 따라 장례 의례를 갖춘 경우라면 사자에 대한 종교적 감정을 침해하여 사체를 유기한 것으로 볼 수 없다.(대판 98

도51)

(2) 사체유기죄는 법률, 계약 또는 조리상 사체에 대한 장제 또는 감호할 의무가 있는 자가 이를 방치하거나 그 의무 없는 자가 그 장소적 이전을 하면서 종교적, 사회적 풍습에 따른 의례에 의하지 아니하고 이를 방치하는 경우에 성립하는 것이므로, 일반 화장 절차에 따라 피해자의 시신을 화장하여 일반의 장례 의례를 갖추었다면 비록 그것이 범행을 은폐할 목적으로 행해졌더라도 사자에 대한 종교적 감정을 침해하여 사체를 유기한 것이라고 할 수 없다.(대판 98도61)

(3) 살인 등의 목적으로 사람을 살해한 자가 살해의 목적을 수행함에 있어 사후 사체의 발견이 불가능 또는 심히 곤란하게 하려는 의사로 인적이 드문 장소로 피해자를 유인하거나 실신한 피해자를 끌고 가서 그곳에서 살해하고 사체를 그대로 둔 채 도주한 경우에는 비록 결과적으로 사체의 발견이 현저하게 곤란을 받게 되는 사정이 있다 하더라도 살인죄 외에 별도로 사체은닉죄가 성립되지는 아니한다.(대판 86도891)

(4) 사람을 살해한 자가 그 사체를 다른 장소로 옮겨 유기하였을 때에는 살인죄와 시체유기죄의 경합범이 성립한다.(대판 84도2263)

❽ 살인죄의 형량

대법원의 양형기준에 의하여 법률적으로는 특별한 사유가 없더라도 법관이 범죄자가 죄를 범한 사정을 고려하여 법관의 재량으로 그 형을 덜어주는 것을 말한다.

1) 참작 동기 살인: 기본이 징역 4~6년이다.

(1) 자기 또는 친족이 장기간 가정폭력, 성폭행 등 지속적인 육체적·정신적 피해를 당하다가 살인

(2) 자기 또는 친족이 수차례 실질적인 살해의 위협을 받다가 살인

(3) 정상적인 판단력이 현저히 결여된 상태에서 가족을 살인한 경우를 말함.

2) 보통 동기 살인죄: 기본이 징역 10~16년이다.

(1) 원한관계에 기인한 살인

(2) 애인의 변심 또는 관계 청산 요구에 앙심을 품고 살인

(3) 인간적 무시나 멸시를 받았다고 생각하여 앙심을 품고 살인

(4) 말다툼, 몸싸움 등 시비 끝에 격분하여 살인

(5) 가정불화로 인한 살인

(6) 의처증 또는 의부증으로 배우자 살해

(7) 배우자에 대한 불만 누적으로 배우자 살해

(8) 채권채무관계에서 비롯된 불만으로 인한 살인

(9) 채무변제 불응을 이유로 살인

(10) 채무변제 독촉을 이유로 살인

3) 비난 동기 살인죄: 기본이 징역 15~20년이다.

(1) 고소·고발·진술·증언·자료제출에 대한 보복 목적의 살인

(2) 고소·고발·진술·증언·자료제출을 하지 못하게 하거나 취소하게 하거나 거짓으로 진술·증언·자료제출을 하게 할 목적으로 살인

(3) 재산적 탐욕에 기인한 살인(상속재산 또는 보험금을 노린 살인)

(4) 경제적 대가 등 목적의 청부살인

(5) 불륜관계 유지를 위해 배우자 살해

(6) 조직폭력 집단 간 세력 다툼에 기인한 살인

(7) 다른 범죄를 실행하기 위한 수단인 경우(교도소 탈주를 위한 교도관 살해, 특정인의 납치를 위한 경호원 살해)

(8) 범행의 발각 또는 피해자의 신고를 우려하여 살인

(9) 별다른 이유 없는 무작위 살인

(10) 불특정 다수를 향한 무차별(무작위) 살인 또는 살해욕의 발로·충족으로서 1인을 살해한 경우를 말한다.

4) 중대범죄 결합 살인죄: 기본이 징역 20년 이상~무기징역이다.

(1) 유사강간살인

(2) 강제추행살인

(3) 약취·유인 미성년자 살해

(4) 인질살해

(5) 강도살인

5) 극단적 인명경시 살인죄: 기본이 징역 23년 이상~무기징역이다.

(1) 불특정 다수를 향한 무차별(무작위)살인으로서 2인 이상을 살해한 경우

(2) 살해욕의 발로·충족으로서 2인 이상을 살해한 경우

(3) 그 밖에 이에 준하는 경우

❾ '도머 형사'의 '월터' 살해

이는 '도머'가 "범행의 발각 또는 피해자의 신고를 우려하여 살인"을 한 것이라고 참작되는 비난동기 "살인죄"에 해당된다고 볼 수 있으나, 엄밀히 따져보면 원한관계에 의한 살인이라고 볼 수도 있겠다.

결론

영화에서 '도머'의 범행은 "살인죄"에 해당된다고 하겠다.

대법원 양형위원회가 제시하는 여러 양형기준 가운데 2009년 처음 만들

어진 살인죄의 양형기준은 2011년과 2013년 두 차례 개정됐다.

2009년 살인 양형기준은 범죄 유형을 세 가지로 나눴다. 범행 동기에 특히 참작할 사유가 있는 경우(극도의 생계 곤란 등)와, 특히 비난할 사유(재산 탐욕, 무작위 살인 등) 그리고 이에 속하지 않는 건 보통 동기에 의한 살인으로 봤다. 유형마다 기본 형량을 4년에서 30년으로 정하고 감경요소와 가중요소를 고려해 형량에 1~2년의 차이를 뒀다. 미필적 고의, 진지한 반성 등 감경요소가 적용될 경우 최저 양형기준은 3~5년이다. 계획적 범행, 사체 손괴 등 가중요소가 적용될 경우 최고 양형기준은 징역 12~15년 또는 무기징역 이상의 형이 적용된다.

CINEMA 08
목격자

패닉 룸(2002)   01

파이트 클럽(1999)   02

노이즈(2004)   03

케빈에 대하여(2011)   04

캐치 미 이프 유 캔(2002) 05

블랙스완(2010)   06

인썸니아(2002)   07

목격자(2017)   **08**

3096일(2013)   09

뷰티풀 마인드(2002)   10

"People I Know"

목격자

People I Know

목격자 People I Know

장르: 드라마
감독: 다니엘 엘그란트
출연: 알 파치노(일라이) / 라이언 오닐
(캘리) / 킴 베이싱어(빅토리아)

• 등장인물

알 파치노	라이언 오닐	킴 베이싱어
일라이	캘리	빅토리아

"뉴욕에서 영화를 만든다는 것은 아름다운 감동이다"라고 말한 뉴욕출신 '다니엘 엘그란트'는 16살이라는 어린 나이에 미국 사우스 보스턴에서 저소득층 주택 프로젝트에 관한 다큐멘터리를 만든 이후 명문대학과 영화의 다양한 담당을 거치면서 탄탄하게 다져진 감독이다.

그는 일찍이 독립영화계에서 주목을 받았고 첫 장편영화로 'Naked in New York'를 찍었는데 이것을 계기로 시작해서 전 세계에 돌풍을 일으킨 시리즈물 '섹스 & 시티'의 연출을 하게 된다.

그리고 '섹스 & 시티'의 뒤를 이어 탄생한 작품인 '목격자'의 시나리오로 할리우드 제작자들의 주목을 받게 된 엘그란트 감독은 대감독인 '프란시스 코폴라'와 '마틴 스콜세지'의 계보를 잇는 차세대 감독으로 주목을 받게 되었다.

'목격자'의 전개는 지극히 일반적인 듯 하지만 일반적이지 않은 요소를 가지고 있다.

영화의 원제목이 한국에서 상영될 때 다르게 표기되는 작품들이 많이 있는데 '목격자'의 원제목 'People I Know'도 그렇다.

'People I Know'를 번역하면 '내가 아는 사람들' 정도 되겠지만, 마치 영화나 드라마의 장면들이 복선을 깔고 스토리를 전개하는 것 같이 영화의 대사 중에 "제일 나쁜 건 너무 많이 아는 거야."라는 말로 관계의 연결고리가 주는 부정적인 의미임을 예고한다.

이 영화는 실존인물인 뉴욕 최고의 로비스트 '바비 자렘'이라는 인물을 배경으로 만들어진 작품으로, 엔터테인먼트와 비즈니스계의 화려함 뒤에 숨겨진 음모와 스캔들을 다루고 있다.

'바비 자렘'은 실제로 '아놀드 슈왈제네거'를 비롯해서 마이클 더글러스, 소피아 로렌, 더스틴 호프만, 쉐어 등 헐리웃 유명 스타들의 홍보를 맡아왔고, 많은 영화의 홍보 등으로 뉴욕을 쥐락펴락할 정도의 영향력을 갖고 있던 인물이다. 또한 영화 속에서 자신의 역을 맡은 알 파치노와도 25년간 같이 일했다고 한다.

• 스토리 전개

'일라이 워먼(알 파치노)'은 지금은 잊혀가지만 미국의 정계와 엔터테인 먼트 비즈니스를 장악하던 전설의 에이전트다.

어느 날 '일라이'의 유일한 클라이언트이자 상원의원 출마를 준비하고 있는 저명한 중견 배우 '캘리 로너(라이언 오닐)'에게서 은밀한 부탁을 받게 된다. 그의 부탁은 탑 모델이면서 자신의 정부인 '질리 하퍼(테아 레오니)'를 감옥에서 보석 석방시킨 후에 뉴욕이 아닌 다른 곳으로 그녀를 보내달라는 것이다.

그녀를 석방시킨 '일라이'는 그녀가 꼭 찾아야 할 게 있으니 잠시 들려야 할 곳이 있다는 말에 그녀와 함께 마약 파티장에 들른 후, 약 기운에 취한 채 그녀의 호텔방에서 하룻밤을 머무르게 된다.

'일라이'가 잠시 옆방에서 혼미한 상태에 있을 때 괴한이 들이닥쳐 '질리 하퍼'를 살해하는 장면을 목격하지만 약에 취한 상태에서 정신을 잃고 만다. 아침이 되어 무의식 중에 집으로 돌아온 '일라이'.

하지만 그날 오후, '질리'는 약물 과다복용으로 호텔에서 시체로 발견됐

출처: raindogg tistory.com

다는 방송을 보게 된다.

'일라이'가 간밤에 자신이 본 것에 대해 혼돈스럽던 중, '질리'가 마약 파티장에서 챙겨 나왔던 PDA가 자신의 코트주머니에 있다는 걸 알게 된다. 그리고 그는, 자신의 고객을 비롯해 많은 거물들이 그 PDA를 노린다는 걸 알게 되고 자신의 목숨도 안전하지 않다는 것을 직감한다.

'일라이'는 자신의 영향력이 사라져간다고 자신의 파티 초청에 관심을 보이지 않았던 이들에게 은근한 협박과 타협을 제시하고 마침내 그의 마지막 파티가 열린다.

PDA 속에 찍힌 환락의 모습이 공개되면 사회적인 인생이 끝날 위기에 몰린만한 명사들이 참석한 일라이의 마지막 자선행사가 드디어 개최되고 '일라이'도 그날의 행사를 끝으로 뉴욕을 떠날 마음을 먹지만 너무 늦은 결정이 되어 버린다.

영화는 '일라이'가 왜 니코틴, 알코올, 관련 약물 등을 상습 복용하게 되었는지에 대한 이유를 자세히 설명하지 않지만, 정계, 재계, 방송 등을 오가며 에이전트로 활동하는 '일라이'가 겪었을 심리적 스트레스, 대인관계가 준 상처들, 그리고 헤아릴 수 없는 압박감이 좁아지는 그의 입지와 더불어 더 많은 음주와 흡연에 의존할 수 밖에 없도록 몰아간다는 것을 관객들이 짐작하기에 부족하지 않았다.

영화의 장면에서 자주 등장하는 장면을 찾으라면 단연 '일라이'가 약과 위스키를 먹는 장면, 그리고 혼미한 모습의 '일라이'를 보게 된다.

정확히 말하면 혼미한 상태에서 일상의 생활을 유지하는 모습이라고 할 수 있다.

영화에서 만나보는 물질(약물)남용^{substance abuse}

물질 관련 중독에 빠지는 사람들을 보면, 중독이 되려고 처음부터 작심하는 사람은 아마 한 사람도 없을 것이다.

하지만 대부분 술과 담배를 많이 하는 사람들이 약물남용에 빠질 확률도 조금 더 높다. 술과 담배가 다른 마약류나 약물중독을 야기하는 입문 약물이기 때문이다.

그런데 술과 담배를 시작하는 연령이 점점 낮아지고 있고 이러한 경험을 한 학생들은 호기심에서, 주위의 권유로, 방송매체를 통해 약물을 알게 되고 접하게 된다고 한다.

안타까운 것은 대부분의 학생들은 자신도 모르게 점차적으로 빠져들게 되고 나중에 이 사실을 알게 되었을 때는 이미 늦어 끊기가 매우 어렵다는 것이다. 성인들에게 허용되는 담배나 술이 청소년들에게 금지되는 것은 이들이 자신의 행위에 대한 책임능력이 미숙하기 때문인 것이다.

담배나 술을 경험한 청소년들은 쉽게 본드나 부탄가스에 빠져들 수가 있으며, 약물남용과 관련되어 소년원에 수감된 청소년 중 10%는 10세 이전에 이미 약물을 남용하는 것으로 나타났다.

'물질남용'이라는 것은 '약물남용'과 동의어로 사용되기도 하지만 굳이 세분화 하자면 화학물질(시너, 부탄가스 등)의 남용을 지칭할 때 적합한 용어이고 이 물질을 장기간에 걸쳐 사용하는 것이라 할 수 있으며, 약물남용은 알코올, 담배, 코카인 등의 남용을 말한다.

우리는 일상생활에서 스스로도 의식하지 못하는 사이에 커피나 홍차 등을 마시면서 카페인을 통해 정신활성 물질을 자연스럽게 사용한다.

또한 긴장이나 스트레스를 풀기 위해, 또는 집중을 위해 니코틴을 사용하고, 대인관계를 위해 알코올을 사용하지만 이런 약물들은 우리의 신체적·정신적 증상과 행동에 영향을 미친다.

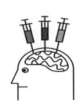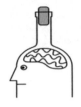

그러므로 약물과 물질을 모두 통합하여 '물질장애'로 설명하는 것이 더 넓게 이해할 수 있을 것이다.

출처: 셔터스톡

술을 많이 마셔서 아침에 제때 일어나지 못하거나 기억이 나지 않는다는 사람들을 우리 주변에서 많이 만날 수 있고 신체적으로 위에 부담이 되어 속쓰림을 느끼거나 식욕이 떨어지는 경우도 흔히 볼 수 있다.

또한 금연이나 금주를 요구하는 아내 또는 남편과 부부싸움을 지속적으로 하는데도 끊기가 어렵다고 호소하는 사람들도 흔히 만난다.

DSM-IV에서는 '물질남용'의 진단기준을 다음 중 한 가지 이상의 문제를 지속적으로 보일 때라고 규정하고 있다.

임상적으로 심각한 장해나 고통을 일으키는, 부적응적인 물질 사용 양상이 다음에 열거한 항목 가운데 1개(또는 그 이상) 항목으로 지난 12개월 사이에 어느 때라도 나타난다.

___

첫째, 반복적인 물질사용이 원인이 되어 결근이나 아동 방치와 같이 자신의 주된 의무를 완수하지 못한다.

둘째, 신체적으로 해를 주는 상황에서 반복적으로 물질을 사용한다.

셋째, 반복적인 물질사용과 관련된 법적 문제를 일으킨다(예, 물질사용과 관련된 탈선행동으로 체포된 경험이 있다).

넷째, 배우자와 싸우는 것과 같은 지속적인 사회적 문제 혹은 대인관계문제가 지속, 반복됨에도 불구하고 계속 물질을 사용한다.

'DSM-IV에서는 물질남용의 진단기준 중에서 한 가지 이상의 지속'이라고 한다면 물질남용이 남의 일이 아니라는 생각도 할 수 있다.

현대사회가 급변하면서 많은 청소년들이 자신들에게 발생하는 문제들에 대한 도피처로 물질이나 약물에 관심을 보이는 경우가 늘어나고 있다는 점은 사회문제에서 심각하게 대두되는 부분이다.

그러므로 어린 시기에 물질을 사용하면 그로 인한 신경손상이나 신체의 이상이 올 수 있다는 점을 조기교육으로 인지시킬 필요성이 있다.

❶ 마약남용

'사회문화적인 관습 외의 방식으로 이루어지는 약물 사용'이 실제적으로 사용되는 말이다.

인류는 '식물'이 인간의 지각에 영향을 미칠 수 있다는 것을 알게 되면서 '물질'을 사용하기 시작했고 물질(알코올이나 마약) 사용에 따른 장애는 '물질남용'과 '물질의존(substance dependence)'의 문제로 나뉜다.

'물질남용'은 계속적으로 해로운 결과가 나타나는 물질 사용의 패턴을 말하고, '물질의존'은 내성과 금단증상, 충동적 약물 복용 행동이 있는데 여러 다른 약물들에 대한 의존 증상은 약물의 범주와 상관없이 유사하다.

여러 다른 약물들에 대한 의존 증상은 약물의 범주와 상관없이 유사하며 세 가지 이상이 12개월 동안 나타날 때 '물질의존'으로 진단한다.

1. 내성. 흥분에 이르기 위해 물질의 양이 계속 증가하거나 물질을 사용했을 때 효과가 감소한다.
2. 금단증상을 없애기 위해 물질을 사용한다.
3. 의도했던 것 보다 더 많은 양이나 오랜 기간 동안 물질을 사용한다.
4. 물질 사용을 줄이거나 약물의 효과로부터 회복되기 위해 많은 시간을 소비한다.
5. 물질을 구하거나 약물의 효과로부터 회복되기 위해 많은 시간을 소비한다.
6. 물질 사용으로 인해 중요한 사회적·직업적 활동과 여가를 포기하거나

줄인다.
7. 물질 사용으로 인해 지속적으로 신체적·정신적 문제가 생긴다는 것을
알면서도 계속 물질을 사용한다.

❷ 아편계

아편은 중추신경억제제 중 대표적인 약물이다.

마약의 한 종류인 아편계 약물은 모르핀, 코데인, 메타돈, 헤로인, 페르
코단, 팬타닐 등이 포함되고 양귀비 추출물이며 중독성이 매우 강하다.
다른 약물은 대부분 흡입이나 주사를 통해 사용되지만 아편은 보통 흡연
을 통해서 사용한다는 특징이 있으며 심각한 생리적·심리적 의존을 유
도한다.

보통 의료계에서는 아편계를 사용하면 오심과 구토의 감소, 통증의 감소,
불안 감소, 진정작용, 행복감을 가져올 수 있으며 특히 헤로인을 투여할
경우엔 화끈거리는 느낌, 짧은 기간 동안의 쾌감, 이완, 성적 절정감 등
을 느낄 수 있다.

하지만 아편계 장기 사용 시엔 변비, 식욕부진, 성욕 감소, 남성호르몬
감소, 내성, 금단 증상을 보일 수 있으며 독특한 성격 변화가 오게 된다.
특히 고등 정신기능인 윤리적 도덕심이 결여되고 게을러지며 지적 기능

이 둔화되어 결국에는 사회
로부터 고립된다. 아편 중독
자들이 하루에 사용하는 모
르핀 양은 개인에 따라 차이
가 있기는 하나 정상인에게
는 치사량이 될 수 있는 양
을 사용하며 계속 내성이 생
겨 용량을 점점 증가시키지

않으면 안 된다.

❸ 카페인

'가장 맛있는 중독'이라고 표현하는 카페인.

세계에서 가장 보편적으로 애용되는 이 물질은 음료로 널리 사용되는 약물로 일반적으로 한 잔의 커피에는 100-150mg, 차에는 30-100mg, 청량음료에는 25-50mg, 진통제나 감기약에는 25-100mg 정도의 카페인이 함유되어 있다.

카페인은 일상생활에서 뺄 수 없을 만큼 전세계에서 널리 사용되고 있으며 남용 시엔 부작용을 초래할 수 있다.

특히 500mg 이상 섭취시엔 중독 증상이 나타날 수 있는데 불안, 불면, 불안정, 과민성, 불면 등의 증상을 초래하고, 카페인으로 인해 공황장애가 더욱 심해질 수 있으며, 극단적으로 많은 양을 복용하면 두통과 설사, 신경질, 심한 흥분 등이 일어난다.

아래 항목 중 5개 이상이면 카페인 중독을 의심해 봐야 한다.

---

1. 평소 자주 불안하고 예민하다.
2. 밤에 잠을 이루지 못한다.
3. 얼굴이 쉽게 붉어진다.
4. 소변이 자주 마렵고 화장실 가는 횟수가 늘었다.
5. 근육이 자주 뭉치고 쥐가 잘 난다.
6. 심장이 자주 두근거리고 불규칙하게 뛰는 것 같다.
7. 평소보다 지치지 않고 피곤하지 않다.
8. 마음이 조급하고 생각이나 말이 잘 정리되지 않는다.

❹ 알코올

알코올 사용의 역사는 우리가 상상하는 것 이상으로 오래되어 적어도 5,000년 이상을 거슬러 올라간다.

우리가 한 시간에 한 잔의 술을 마신다면, 간은 어렵지 않게 분해하고 뇌에 영향을 미치지 않도록 처리가 가능하지만 이 한 잔의 술에도 뇌는 영향을 미쳐서 운동실조증이나 반응속도가 저하되거나 비틀거리는 모습을 초래하기도 한다. 또한 판단력을 떨어뜨리거나 공격성을 유발하거나 억제력을 저하시키고 성적 기능에 손상을 줄 수도 있다.

사실상 '알코올중독자'라는 용어가 우리에게 익숙하기는 하지만 그 의미가 명확한 것은 아니다.

DSM-IV는 알코올 의존과 알코올 남용을 구분하고 있다.

알코올에 의존하고 있는 사람들은 의존성 없이 알코올을 남용하기만 하는 사람들에 비해서 내성이나 금단반응 같은, 보다 심각한 증상을 나타내는 것이 보통이다.

만성적인 술고래가 갑작스럽게 술을 끊으면 이미 알코올에 익숙해져 있기 때문에 불안, 우울, 초조 등 다소 극적인 반응들이 나타날 수 있는 것이다. 우리가 폭음, 과음이라는 용어를 사용하는데 폭음은 1시간의 짧은 시간에 5번 마시는 것으로 정의되며, 과음은 같은 장소에서 5번 마시는 것을 30일 동안에 5회나 그 이상 하는 것으로 정의된다.

어떤 연구에서는 알코올이 두뇌와 행동 모두에 미치는 효과를 조사했는데 참여자들에게는 각기 다른 양의 알코올을 주고 모의 운전 테스트를 실시하면서 MRI로 뇌영상을 촬영하였다.

양이 적은 경우는 운동 기능상의 약한 장애만 가져왔을 뿐이지만, 양이 많은 경우는 운전하는 데 지장을 줄 정도로 큰 운동 기능상의 장애를 가져왔다. 알코올을 오랫동안 섭취하면 신체의 조직과 기관에 나쁜 영향을 주기 때문에 알코올중독자는 음식 섭취량을 줄이는 경우가 많고 알코올을 남용해온 장노년 계층에서는 비타민B 복합제의 결핍이 기억력을 심각하게 상실시키기도 한다.

아래 항목 중 4개 이상의 증상이 최근 1년 이내에 있다면 알코올 사용 장애로 의심될 수 있다.

1. 종종 의도했던 것보다 많은 양을, 혹은 오랜 기간 동안 알코올을 사용함
2. 알코올 사용량을 줄이거나 조절하려는 의도가 있음에도 불구하고 실패한 경험이 있음
3. 알코올을 구하고 사용하거나, 혹은 그 효과에 벗어나기 위한 활동에 많은 시간을 보냄
4. 알코올에 대한 갈망감, 강한 바람, 욕구가 있음
5. 반복적인 알코올 사용으로 직장, 학교, 가정에서의 주요 역할 책임 수행에 실패함
6. 알코올의 영향으로 지속적, 혹은 반복적으로 사회적 혹은 대인관계에 문제가 발생하거나 악화함에도 불구하고 알코올 사용을 지속함
7. 알코올 사용으로 중요한 사회적·직업적 혹은 여가활동을 포기하거나 줄임
8. 신체적 해가 되는 상황임을 인지하고 있음에도 알코올을 사용함
9. 알코올 사용으로 지속해서, 혹은 반복적으로 신체적·심리적 문제가 유발되거나, 악화할 가능성이 있음을 알고 있음에도 계속해서 알코올을 사용함
10. 알코올의 효과(취기 등)를 얻기 위해 사용해야 하는 알코올의 양이 증가하고 있음
11. 알코올 섭취하지 않으며 불안감, 초조함, 불면증과 같은 금단증상이 발생함, 혹은 이러한 금단증상을 피하고자 다른 약물을 사용함

❺ 니코틴

니코틴 사용의 시작은 콜럼버스가 아메리카 인디언들과 교역을 한 이후로 오래지 않아, 선원들과 상인들이 인디언을 흉내 내어 담배 잎을 말아

출처: engi's conpapter.tistory.com

피웠고 점차 흡연 욕구가 커지는 것을 느끼게 되면서 시작되었다.

니코틴은 담배의 성분 중 중독성을 일으키는 요소이다.

신경통로가 활성화되면 도파민 신경세포를 자극하는데, 이 도파민 신경세포가 대부분의 약물이 가져다주는 쾌감효과를 발생시키는 데 관련된 것으로 보인다.

수십 년 전부터 알려져 왔지만, 건강에 대한 위협은 담배를 피우는 사람에게만 국한된 것이 아니다.

담배 끝이 탈 때 생기는 연기, 소위 간접 흡연 혹은 주변의 연기에는 흡연자가 빨아들인 연기보다 높은 농도의 암모니아, 일산화탄소, 니코틴, 그리고 타르가 함유되어 있다.

주변에서 피워대는 담배연기는 미국에서 매년 4만 명에 가까운 사망을 유발한다는 비난을 받아 왔다.

이후 1993년에 미국 환경보고위원회는 이를 석면이나 방사성 원소와 같이 위험한 유해물질로 분류하였다.

❻ 흡입제

흡입제는 인체에 유해한 화학 성분으로 구성되어 있어 본래 목적 이외의 용도로 사용할 경우 인체에 치명적인 해를 입히게 된다.

흡입 제에는 본드로 사용되는 아교, 페인트 시너, 매니큐어 제거제, 드라이클리닝 용매, 톨루엔, 가솔린, 아세톤, 벤젠 등이 포함된다. 우리나라에서는 과거 본드, 부탄가스 등의 사용이 사회적 문제를 유발하였다.

❼ 환각제

환각제는 지각, 감각, 사고, 자기인식, 감정 등에 영향을 미치는 약물로 시간에 대한 감각, 망상 등을 유발하며, 환시, 환청, 환촉, 환취 등의 환각 현상을 유도하게 된다. 비교적 젊은 층의 사용이 많고, 약물에 의한 신체적 손상이 다른 약물에 비해 적은 편이다.

❽ 마리화나

마리화나는 대마의 잎과 꽃에서 얻어지는 물질로 cannabinoid라는 성분이 주로 약리적 효과를 나타나게 한다. 대부분의 경우 파이프나 궐련 형태로 사용하기 때문에 "대마초"라는 이름으로 불린다.

마리화나는 미국에서 가장 많이 사용되는 약물로 다른 약물에 비해 가격이 싸고, 덜 위험하다는 오해 때문에 많이 사용된다. 마리화나를 사용할 경우 초기에 기분이 뜨는 느낌이 들고 부적절한 웃음, 앙양된 기분을 경험하며 긴장이 풀리는 것 같은 진정 효과를 보이게 된다.

📽 **물질남용과 관련된 참고영화**
- 레퀴엠(Requiem)
- 더 레슬러(The Wrestler)
- 레이(Ray)
- 라스베가스를 떠나며(Leaving Las Vegas)
- 28일 동안(28 Days)

영화에서 찾아보는 법적 해석

'일라이'는 자신의 생활이 엄청난 양의 신경안정제로만 지탱되는, 끔찍한 사람으로 변해 있다는 것을 알게 된다.

하버드 법대를 나와 한때 '마틴루터 킹'과 함께 나란히 행진하며 '정의'를 외쳤다던 그는 이제 지저분한 뒷일을 대신 처리해주거나, 외국인 이민자 석방을 촉구하는 자선행사에 참여해달라고 스타들에게 사정하며 전화를 돌려야 하는 사람으로 변해 있다.

섹스, 마약 그리고 파파라치로 요약되는 스캔들의 도시 뉴욕! 아름다운 탑모델의 죽음과 그 이면에 숨겨진 위험한 욕망의 퍼레이드! '일라이 워먼(알 파치노)'은 미국의 정계와 엔터테인먼트 비즈니스를 장악하던 전설적인 PR 에이전트 역할로서의 24시간 긴박한 상황을 다루는 영화이다. 영화 속 '일라이'의 하룻밤 그의 인생과 뉴욕의 변화가 압축돼 있다.

또한 영화는 '질리 하퍼'의 살해범이 누구인지, 새벽이면 구원의 여인(킴 베이싱어)과 함께 고향으로 떠나려던 '일라이'를 끝내 떠나지 못하게 한 이가 누군지 명확하게 밝히지 않는다.

❶ '캐리 로너'와 '일라이'의 은밀한 계약 = [청탁]

순수한 명분으로 기획한 자선파티에 뉴욕의 실력가들을 불러 모으겠다고 욕심을 부린 것이 화근이 되었다.

'일라이 워먼(알 파치노)'은 뉴욕의 전설적인 PR 로비캘리스트. 그는 톱스타 캐리 '로너(라이언 오닐)'에게 은밀한 부탁을 받는다. '로너'는 행사 참석의 조건으로, 수감돼 있는 애인 '질리(테아 레오니)'를 빼내달라고 부탁한다. 정부이자 유명 톱모델인 '질리'를 시내 감옥에서 보석으로 석방시킨 후 LA로 보내달라는 것.

❷ '질리 하퍼'와 '일라이'의 클럽에서의 아편(마약)흡입

아편파티 그리고 섹스, 뉴욕 거물급들이 즐겨 찾는 은밀한 장소 그곳은 쇼룸으로 가장된 마약 파티장이다. 그녀는 잔뜩 취한 채 뒤엉킨 손님들 틈을 헤매며 무언가를 찾는다.

겨우 물건을 찾아 빠져 나오던 그녀의 손에 쥐어진 것은 바로 PDA. 그리고 그녀가 말한다.

"너희들은 다 죽었어!" PDA 속의 비밀 = [유일한 증거물]

❸ '일라이'와 '질리 하퍼'와의 관계 = [목격자이자 증언자]

'질리 하퍼'와 호텔에서 하룻밤을 보내게 되는 '일라이'. 다음 날 아침, 모델 '질리 하퍼'는 시체로 발견되고 '일라이'는 그녀가 살해된 것을 목격했음에도 아무것도 기억하지 못한다. 과다복용에 의한 약물중독으로 인한 사망이라고 보도된다.

❹ '질리 하퍼'와 '낯선 남자' – 성폭행사건 – '질리 하퍼'의 죽음 = [성폭행과 살인사건 그리고 X파일]

'질리'를 누가 죽였는지 알려주지 않는다. 대신 그녀의 정사 장면을 담은 '게임기'에 관련된 인사들을 등장시키면서 위선과 추악함을 간접적으로 들춰낸다.

❺ '일라이'의 "아편" 그리고 "항우울제", "수면제", "각성제"의 약물중독

'일라이'는 감옥에서 나온 '질리'를 따라간 마약 파티장에서 "마리화나"를 흡입한데다 건망증과 잇단 질병, 신경과민에 시달리느라 주치의가 처방해준 신경안정제 등을 한꺼번에 복용해 '질리 하퍼'가 살해된 것을 기억하지 못한다.

❻ '질리 하퍼'의 죽음과 유일한 목격자 '일라이'의 죽음

[얼굴 없는 살인]

톱 모델 '질리 하퍼'의 죽음과 뉴욕 빅맨들의 음모. 스캔들을 막아야만 하는 '일라이'는 결국 그 자신이 스캔들의 주인공이 되고 만다. 그 또한 살해당한다.

[사건을 통한 형사적 범죄의 처벌기준]

❶ 청탁금지법

제1조(목적): 이 법은 공직자등에 대한 부정청탁 및 공직자등의 금품 등의 수수(收受)를 금지함으로써 공직자등의 공정한 직무수행을 보장하고 공공기관에 대한 국민의 신뢰를 확보하는 것을 목적으로 한다.

[이 법은 '일라이'가 공직자가 아니기 때문에 적용이 어려울 듯하나 '캐리 로너'에게는 위법한 불법행위로 볼 수 있다.]

그러나 '일라이'가 기자라고 한다면 공직자 등에 대한 부정청탁 및 공직자 등의 금품 등의 수수를 금지하는 법률. 공직자 등의 공정한 직무 수행을 보장하고 공공기관에 대한 국민의 신뢰를 확보하는 것을 목적으로 2016년 9월 28일에 시행되었다. 정식 명칭은 '부정청탁 및 금품등 수수의 금지에 관한 법률(김영란법)'이다.

1) 부정청탁 행위의 주체 [누구든지]

누구든지 직접 또는 제3자를 통하여 직무를 수행하는 공직자등에게 부정청탁을 해서는 안 된다(부정청탁 및 금품등 수수의 금지에 관한 법률 제5조 제1항).

2) 부정청탁의 상대방 [직무를 수행하는 공직자등]

2016년 9월 28일 개정 시행된 일명 김영란법의 해당자는 공무원, 공공기관의 임직원, 언론종사자, 국공립 사립학교 임직원 및 배우자로 정하고 있다. 즉 식사비 3만원, 선물비 5만원(농수산 가공품은 10만원), 경조사비 5만원(화환·조화는 10만원)으로 정하여 놓았다.

3) 부정청탁 행위의 상대방이란?

Q. 고위 공무원 A가 친구인 민간기업체 임원 甲에게 아들의 취업을 부탁했다면 「부정청탁 및 금품등 수수의 금지에 관한 법률」(이하 "청탁금지법"이라 함)상 제재대상에 해당하는가?

A. 아닙니다. 부정청탁 행위의 상대방은 "직무를 수행하는 공직자등"이며, 민간기업체 임원 '甲'은 공직자등에 해당되지 않으므로, "청탁금지법상" 부정청탁행위의 상대방이 될 수 없다.

4) 직무를 수행하는 공직자등

Q. 지역주민 A가 지인인 시청 건축과 과장 '甲'에게 관계법령상의

요건을 충족하지 못하였음에도 불구하고 '증축허가를 해달라'는 부탁을 하였고, '甲'은 같은 과 소속 건축허가 담당 주무관 乙에게 증축허가를 하도록 지시하고, 乙이 이를 이행한 경우 甲, 乙, A는 "청탁금지법"상 어떠한 제재를 받는가?

A. 甲은 건축과 결재선상에 있는 과장으로서 "직무를 수행하는 공직자 등"에 해당하므로, 부정청탁에 따라 직무를 수행한 경우에 해당하여 "형사처벌" 대상이며, 징계 대상에도 해당한다.

乙도 제3자를 위한 부정청탁임을 알면서도 지시에 따라 직무를 수행한 경우에는 부정청탁에 따라 직무를 수행한 경우에 해당하여 "형사처벌" 대상이며, 징계 대상에도 해당한다.

5) 처벌규정 [형사처벌]

부정청탁을 받고 그에 따라 직무를 수행한 공직자 등은 2년 이하의 징역 또는 2천만원 이하의 벌금에 처해진다(부정청탁 및 금품등 수수의 금지에 관한 법률 제22조 제2항 제1호).

제3자를 통하여 부정청탁한 자가 일반인인 경우 2천만원 이하의 과태료가 부과된다.

❷ 마약사범의 형사처벌

뉴욕의 정치인, 그리고 '질리 하퍼'와 '일라이'는 마약사범으로 처벌가능

1) **한국:** 우리나라에서 2017년 마약 범죄로 기소된 사범 4,681명 가운데 1,876명(40.1%)이 집행유예로 풀려났고 징역 10년 이상을 선고받은 사범은 2명에 불과했다. 마약 공급책들도 집행유예나 벌금, 징역 1~2년에 그치고 있다.

2) **중국:** 중국에서는 마약사범에게 굉장히 엄격한 형벌을 내린다. 얼굴공개는 물론이고 사형을 집행하기도 한다. 중국에서는 내국인, 외국인

구분 없이 마약사범들에 대해 매우 엄하게 처벌한다. 헤로인 50g 이상, 아편 1kg 이상을 가지고 있으면 무조건 사형인 것으로 알려졌다.

3) **미국:** 미국은 세계 최대 마약 소비국이지만 마약사범에게 결코 관대하지 않다. 소량의 마약을 보유한 초범에게도 1년 이하의 징역과 1,000달러 이상의 벌금을 부과하며, 헤로인을 1kg 이상 소지한 자에게는 종신형을 포함해 최소 10년 이상의 형을 선고할 수 있다.

❸ 증거물(PDA)

뉴욕가의 정치인 그리고 유명인사들의 추악한 사건을 알릴 수 있는 유일한 증거품이자 X파일 PDA는 증거품이다.

증거(證據)란 형사재판이 공정하게 진행되려면 먼저 범죄에 대한 사실관계가 확정되어야 하는데, 사실관계를 확실하게 하기 위하여 사용되는 자료를 말한다. 형사소송법에서는 사실의 인정은 증거에 의한다고 규정하고 있는데 이를 "증거재판주의"라 한다(형사소송법 제307조).

증거에는 "증거방법"과 "증거자료"의 두 가지가 포함된다.

증거방법이란 사실인정의 자료가 되는 유형물 자체를 말하는 것으로 증인·증거서류 또는 증거물이 이에 속한다.

이에 대하여 증거자료란 증거방법을 조사하면서 알게 된 내용을 말하는 것으로, 예컨대 증인신문에 의하여 얻게 된 증언·증거물의 조사에 의하여 알게 된 증언·증거물의 조사에 의하여 알게 된 증거물의 성질이 그것이다.

영화 속 '질리 하퍼'가 가지고 있던 PDA는 뉴욕 정치가들의 불륜과 마약 등에 관한 자료가 들어 있는 유일한 증거자료이다.

❹ '질리 하퍼'의 피살, 그리고 목격자

형사소송법 제307조는 "사실의 인정은 증거에 의해야 한다."고 규정하고 있다. 또 "범죄사실의 인정은 합리적인 의심이 없는 정도의 증명에 이르러야 한다."고도 적시하고 있다. 피고인이 범인이 아닐 수도 있다는 '합리적 의심'이 들면 무죄를 선고해야 한다는 뜻이다. 물론 정황증거만으로 유죄 선고를 할 수 없는 건 아니다. 우리 형법은 "증거재판주의"와 함께 "자유 심증주의"도 채택하고 있다. 형사소송법 제308조엔 "증거의 증명력은 법관의 자유판단에 의한다"고 돼 있다. 정황증거만 있더라도 법관이 자신의 판단에 따라 유죄 선고를 내릴 수 있다는 의미다.

그러나 법관의 "자유 심증"도 어디까지나 "증거법정주의"라는 테두리 안에서만 허용된다. "범죄사실을 인정하려면 합리적인 의심을 할 여지가 없을 정도로 공소사실이 진실하다는 확신을 법관에게 주는 '증명력 있는 엄격한 증거'가 있어야 한다."는 게 대법원의 판례다.

영화 "목격자"에서도 '일라이'가 '질리 하퍼'를 성폭행한 범인의 유일한 목격자이나 '일라이'는 과다복용한 약물에 의하여 "성폭행범"을 기억하지 못한다. 결국 '질리 하퍼'의 죽음은 마약 과다복용으로 결론을 낸다.

❺ 약물중독에 의한 향정신성 마약류 관리에 관한 법률

1) 마약 처벌은 형량이 극히 높다.

단순 소지와 운반, 알선, 매매까지 마약거래에 관한 모든 행위가 처벌되며, 법령상 의약품은 수시로 변경된다.

2) 흡연, 혹은 섭취, 단순 소지에도 대부분 실형으로 구속영장 청구가 원칙처럼 되어 있어 구속 수사 구제가 필요하다.

3) 마약류 관리에 대한 법률에 따라 1년 이상 30년 이하의 마약으로 인한 처벌을 받게 되며, 벌금형 선고가 불가능하다.

❻ 얼굴 없는 살인

'질리 하퍼'와 '일라이'의 죽음에서 살인자가 누구인지 알려주지 않았다. 현재 "형사사건"에서 이러한 사건을 "미제사건" 또는 "미해결사건"이라고 한다. 미해결사건(未解決事件, 영어: Cold case)은 그 진상이 명확히 밝혀지지 않은 범죄나 사고를 말한다. 다른 말로는 미제사건(未濟事件)이라고도 한다.

수사기관에서는 수사 개시 후부터 처분이 내려지기 전까지에 있는 모든 사건을 미해결사건으로 분류한다.

즉, 수사가 개시되고 불과 하루만 지나도 '미해결사건'이 되는 것이다. 하지만 사회적으로는 수사가 답보 상태에 놓인 채로 오랫동안 해결이 나지 않는 경우를 미해결사건 혹은 "미제사건"이라 부른다. 그리고 시간이 더 지나서 "공소시효"가 만료되면 영구 "미제사건"이라고 부른다.

1) 최근의 미제사건

2010년 사례에서 살펴보면 여자친구에게 "산낙지"를 먹여 질식사에 이르게 한 뒤 보험금을 타낸 혐의를 받은 "산낙지" 살인사건 피고인에게 대법원이 무죄 선고를 내린 것도 이런 이유에서였다. 대법원은 이 사건 판결문에서 "검사의 증명 정도가 확신을 충분히 주기에 이르지 못한 경우에는 비록 피고인의 주장이나 변명에 석연치 않은 점이 있는 등 의심이 간다 하더라도 피고인의 이익으로 판단할 수밖에 없다"고 강조했다.

2) 태완이법에 의한 공소시효 폐지

현재 대한민국의 경우는 2015년 8월 1일에 이른바 "태완이" 법이 통과되어 살인죄의 공소시효가 폐지되었다. 그렇기에 2000년 8월 1일 이후로 발생한 모든 살인사건에는 공소시효가 적용되지 않기 때문에 이른바 영구미제사건이 될 일이 없게 되었다. 다시 말해 살인사건이 발생하고 20년이 지나든 30년이 지나든 체포에 성공하기만 하면 검찰이 기소를 할 수 있고 재판을 거쳐 처벌할 수 있다는 뜻이다. 그러나 2000년 7월 31일까지 발생한 살인사건은 그 당시 형사소송법에서 살인죄의 공소시효를 만 15년으로 규정했으므로 2015년 7월 31일자로 모두 시효가 성립되어 영구미제사건이 되었다.

❼ 현재 우리나라의 범인 없는 미제사건

1) 대한항공 007편 격추사건

1983년 9월 1일 미국 뉴욕 존 F. 케네디 국제공항을 출발, 앵커리지를 경유해서 김포국제공항으로 오던 대한항공 소속 007편 여객기(기종: 보잉 747 – 230B, 기체번호: HL7442)가 비행 중 소련 영공에서 소련 공군 소속의 수호이 15의 공격을 받아 사할린 서쪽에 추락하여 탑승자 전원이 숨진 사건이다. 이 사건으로 래리 맥도널드 미국 조지아주 민주당 하원 의원을 포함한 16개국 269명의 탑승자 전원이 사망하였다.

2) 개구리 소년 사건

1991년 3월 26일에 대구직할시 달서구에 살던 다섯 명의 초등학교 학생이 도롱뇽 알을 주우러 간다며 집을 나선 뒤 실종된 사건을 말한다. 이춘재 연쇄 살인사건, 이형호 유괴살해사건과 함께 3대 미제사건 중 하나이다. 도롱뇽 알을 주우러 간다는 말이 개구리를 잡으러 간다고 왜곡된 것이 초기에 널리 퍼지면서 "개구리 소년"이라고 알려지게 되었다. 사건 발생일인 1991년 3월 26일은 5·16 군사 정변 이후 중단된 지방자치제가 30년 만에 부활하여 기초의회 의원을 뽑는 시·군·구의회 의원 선거일로 임시 공휴일이었다.

공소시효 만료 이후에도 범인을 찾기 위하여 7명의 형사들이 개구리 소년 사건을 담당하는 대구 성서 경찰서에서 전담팀이 구성되어 있다.

3) 치과 의사 모녀 살인사건

대한민국의 서울특별시에서 일어난 살인사건이다. 대한민국 법체계와 낙후된 법의학 수준을 적나라하게 드러냈을 뿐 아니라, 사형 제도의 존폐에 대한 논란까지 불러일으킨 사건이다.

만 7년 8개월 동안 사형(1심, 1996년 2월) → 무죄(2심, 1996년 9월) →

유죄 취지로 파기 환송(대법원 상고심, 1998년 11월 13일) → 무죄(고법 파기 환송심, 2001년 2월) → 무죄(대법원 재상고심, 2003년 2월) 등으로 여러 차례 판결이 뒤집어졌었다.

4) 포천 여중생 납치 피살 사건

2003년 11월 5일에 경기도 포천시에서 학교 수업을 마치고 귀가하던 엄모(당시 15세, 중학생)양이 귀가하는 도중 연락이 두절되어 2004년 2월 8일 사망한 채 발견된 사건이다. 신고 후 한 달 보름쯤 지난 12월 22일에 의정부시의 도로 공사장 근처에서 현장 직원의 제보로 실종자의 휴대폰과 가방, 운동화가 발견되었다. 실종자가 사망한 것이 확인된 후 경찰은 인근 지역에서 일어난 다른 납치 사건과 이 사건과의 연관성에 주목하여 용의자를 추적하였고 다른 사건의 용의자를 검거하는 데에도 성공했으나 결정적인 증거의 부족으로 혐의 입증에는 실패하여 현재 사건은 미제로 남아있다.

5) 이영호군 유괴살인사건

1991년 1월 29일 오후 5시 20분경 서울시 강남구 압구정 현대아파트 놀이터에서 마지막으로 목격되었던 이형호군. 그로부터 44일이 지난 3월 13일 잠실대교 부근에 있는 한강고수부지의 배수로에서 숨진 채로 발견되었다.

(1) 공소시효 만료 영구미제사건

2006년 1월 29일자로 살인사건 공소시효는 15년이라는 법에 따라 영구미제사건으로 남게 되었다.
16년간 경찰 병력 10만여명 투입, 용의자 420여명 검거 및 수사를 진행 용의자 검거에 실패했다.

(2) 사건배경 영화화

2007년에는 영화 '그놈목소리'로 세상에 나오게 되었으며, 이 영화에서는 범인의 실제 음성을 공개함과 동시에 필적 및 여러 자료들을 공개함으로써 꽤나 파격적인 장면들을 보여주기도 했다.

6) 화성 연쇄살인사건

1986년 9월 19일 경기도 화성시에서 71세의 노인이 시체로 발견되면서 화성 연쇄살인사건이 시작되었다. 가장 유명한 살인사건이면서 결국 영구 미제사건으로 남은 화성 부녀자 연쇄 살인사건 당시 4년 7개월간 경기도 화성 태안 일대에서 일어난 10차례의 부녀자 강간살인사건으로 2003년에는 영화 "살인의 추억"으로 다뤄지기도 했다. 결국 범인을 검거하는 데 실패했고 살인사건 공소시효가 15년인 우리나라에서는 2006년에 결국 영구미제사건으로 남게 되었다.

❽ 미국의 미제사건

1) 2004년 2월 9일, 미국 매사추세츠 주립대에서 간호학을 전공하던 21세 여대생 마우라 머레이(Maura Murray)가 의문의 실종을 당한 사건이다. 사건이 발생한 이후에 마치 그녀의 실종을 조롱하는 듯한 혹은 사건의 단서를 알려주려는 듯한 유튜브 동영상이 올라오기도 했지만 사건과 관련이 없는 것으로 밝혀졌고 2018년 현재까지 14년째 미제사건으로 남아 있다.

2) 2016년 7월 30일 텍사스 현지 시각으로 오전 7시 40분경 열기구 한대가 고압선에 충돌하여 화재가 발생, 텍사스의 록하트(Lockhart)의 원에 추락해 16명 전원이 숨진 사고이다.
해당 열기구에는 단체 관광객 15명과 조종사 '앨프리드 니콜스'가 타고 있었다. '니콜스'는 2014년 7월에 열기구 조종 면허를 취득한 것으로 확인되었으며 추후 조종사 '앨프리드 니콜스'가 음주운전 4건, 마약관련 범죄 1건을 저질렀음이 밝혀지면서 열기구 조종면허를 취득하는 요건에 문제가 제기되었다.

이 사고는 열기구 사고로는 미국에서 가장 사상자를 많이 낸 사고가 되었으며, 전 세계에서는 2013년 이집트 룩소르 열기구 추락사고 다음으로 두 번째로 가장 많은 사상자를 낸 사고가 되었다.

❾ 일본의 미제사건

1) 2014년 12월 26일, 2박 3일 단체 관광으로 일본 쓰시마섬(대마도)을 찾은 한국인 송모씨가 당일 오후 실종, 나흘 뒤 해상자위대 쓰시마 경비대의 숙소에서 숨진 채 발견된 사건이다.

2) 야마나시현 도시무라 캠프장에서 "치바현" 나리타시 초등학교에 다니는 오구라 미사키양(당시 7세)이 2019년 9월 21일 행방불명이 되었다. 오구라 미사키양은 가족과 교육 서클에서 만난 여러 친구들 가족과 함께 27명이 캠핑을 하던 도중 '오구라 미사키'양이 어디론가 놀러갔지만 이후 20분 후 '오구라 미사키'양을 찾을 수가 없었다고 한다. 이후 경찰과 자위대가 수색을 했지만 결국 '미사키'양을 찾지 못했다.

CINEMA 09
3096일

패닉 룸(2002)	01
파이트 클럽(1999)	02
노이즈(2004)	03
케빈에 대하여(2011)	04
캐치 미 이프 유 캔(2002)	05
블랙스완(2010)	06
인썸니아(2002)	07
목격자(2017)	08
3096일(2013)	**09**
뷰티풀 마인드(2002)	10

"넌 내거니까 내 맘대로 할 거야."

3096일

3096 Days

3096일 3096 Days

장르: 드라마 / 범죄

감독: 쉐리 호만

출연: 안토니아 캠벨-휴즈(나타샤 캄푸쉬) /
투레 린드하르트(볼프강 프리클로필) /
트린 디어홈(나타샤 어머니) /
디어브라 몰로이(볼프강 어머니)

• 등장인물

| 안토니아 캠벨-휴즈 | 투레 린드하르트 | 트린 디어홈 | 디어브라 몰로이 |
| 나타샤 캄푸쉬 | 볼프강 프리클로필 | 나타샤 어머니 | 볼프강 어머니 |

우리나라 관객들에게는 익숙하지 않은 여성감독 '쉐리 호만'의 영화 '3096일'.

제목에서 느껴지겠지만 3096일(8년) 동안의 끔찍한 실화를 다루고 있다.

영화를 보다보면 실제로는 가능하지 않을 것 같은 이야기 또는 실제로 일어나면 안 될 것 같은 이야기들을 많이 만난다.

그리고 그런 이야기들이 원작을 두고 영화화되는 경우도 종종 만난다.

영화 '3096일'은 이 두 가지를 모두 수용하고 있는 작품이다.

'쉐리 호만' 감독은 학대받은 여성의 실제 이야기를 바탕으로 영화를 만들면서 영화계에서 주목받는 감독이다.

'할례'. 여성의 비인권적이고 처절한 삶을 대표하는 문화를 신랄하게 비판하면서 감독의 의식을 담았던 '데저트 플라워'에 이어 3096 Days에서는 납치와 감금 그리고 성폭행에 대한 생각을 관객들에게 제시한다.

실존 인물인 '나타샤 캄푸쉬'가 납치되었던 당시의 나이는 10살.

출처: Google 이미지

오로지 복종과 소유만을 강요당하며 1.5평의 공간에서 한 남자의 소유물처럼 살았던 8년을 뒤로하고 18세의 나이에 탈출에 성공했다.

이 사건은 경찰의 대대적인 수사에도 불구하고 찾지 못했던 소녀가 가족들의 품으로 돌아오게 되면서 세상의 이목을 받았다.

원작은 오스트리아의 실제 인물 '나타샤 캄푸쉬(Natascha Kampusch)'의 자서전이다.

'나타샤'는 회고록 스타일의 자서전에 자신의 이야기를 담담하고 진솔하게 담아냈는데, 탈출 후 7년의 기간 동안은 범인에게서 복잡한 과정의 성폭행(강간)을 당했던 사실을 밝히려 하지 않았지만 후에 성폭행 피해 사실을 영화에 넣는 장면에도 동의했으며 방송 인터뷰에도 출연해서 끔찍했던 8년간의 사연을 세상에 전했다.

'나타샤'는 자신이 겪은 끔찍한 시간을 스스로가 받아들일 수 있도록 의사와 심리학자에게 집중적으로 치료를 받았다.

그리고 탈출 10년 후 두 번째 책을 출간했을 때는 새로운 삶에 적응하기가 얼마나 어려운지를 담기도 했다.

'쉐리 호만' 감독은 '데저트 플라워'에서 여성의 인권유린에 대해 과장 없이 담백하게 영화를 만들었던 것처럼 '3096 Days'에서도 나타샤의 이야기를 가감없이 최대한 사실 그대로 담아낸다.

그런 감독의 솔직함과 진지함 덕분에 '3096 Days'를 대하는 관객들은 실감나게 몰입하며 범인의 비인간적인 모습에는 분노하는 경험을 하게 된다.

범인 '볼프강 프리클로필'은 '나타샤'가 탈출했다는 사실을 깨닫고, 달려오는 기차에 몸을 던져 자살했는데 '나타샤'는 이 소식을 듣고 펑펑 울어서, 일각에서는 '스톡홀름 신드롬'이 아니냐는 주장이 제기되었다.

'스톡홀름 신드롬'이란, 1973년 스톡홀름의 한 은행에 무장강도 4명이 침입했는데 은행 직원들을 인질로 삼아 6일 동안이나 경찰들과 대치하는 상황이 벌어졌다. 이 사건에서 범죄자들은 인질들에게 공포감을 주면서도 가끔씩 친절과 호의를 베풂으로써 인질들과 동화되고 그들을 쉽게 사로잡았다.

그 후 경찰이 인질들을 보호하고 증언을 요청해도 그들은 오히려 경찰을 적대시하며 증언을 거부하는 모습을 보였다고 한다.

8년이라는 긴 시간동안 학대와 성폭력을 당하며 괴로운 나날을 보낸 '나타샤'의 눈물은 범인에 대한 동정심에서 발단된 '스톨홀름 신드롬'이라는 주장이 바로 그 이유다.

한편 감독은 이 영화를 통해서 "나탸샤와 그녀의 가족에 대한 편견을 없애는 영화가 되길 바란다."고 밝혔다.

• 스토리 전개

나타샤가 납치를 당하던 날.

그날은 1998년 오스트리아 빈 교외의 슈트라스호프.

나타샤의 4학년 새 학기가 시작되던 첫날이었다.

그리고 불행히도 그녀가 혼자서 등교를 한 그날은 생애 처음이자 마지막 등교가 되었다.

1998년 3월, 당시 10살이었던 '나탸샤'는 등굣길에 납치당한 후 시계도 없고 전등도 없는 그의 집 지하 1.5평 작은 방에 감금당한다.

출처: NAVER 영화(포토, 스틸컷)

범인 '볼프강'은 '나타샤'에게 옷도 제공하지 않고 씻지도 못하게 한 상태에서 기본적으로 먹을 것만 제공하면서 말을 듣지 않으면 구타도 일삼았다. '나타샤'는 납치범이 누구인지, 왜 납치를 했는지 이유도 모른 채 학대에서 벗어나기 위해 소유물이 되어가고 있었다.

통신 기술자였던 '볼프강'은 어머니와 할머니가 가끔 방문할 뿐 혼자 살고 있었고 성인 여자들에 대한 공포심을 가지고 있었으며 그 공포는 어머니로부터 형성된 것이었다.

우연히 수퍼마켓에서 '나타샤'를 만나 어린 '나타샤'의 미소에 반하여 납치를 계획하고 완벽히 자기의 소유물로 만들기 위해 동화책도 읽어주고 워크맨과 사전도 사주지만 그는 성장해가는 '나타샤'를 감당하기에 두려움을 느낀다.

그래서 '나타샤'의 첫 생리의 순간에 볼프강은 더럽다고 소리를 지르고, 여성스럽게 자라나는 머리를 밀어버리고 성인여자가 되는 '나타샤'의 첫 순간도 손목을 묶은 채 강간한다.

시간이 흘러 '나타샤'의 실종이 대중들의 관심밖으로 사라지자 '볼프강'은 '나타샤'를 데리고 스키여행도 가고 자신이 거주하는 공간에서 함께 하는 시간도 많아지지만 '나타샤'는 여전히 장식품일 뿐이다.

그러던 어느 날, '볼프강'이 자동차를 팔기 위해 함께 세차를 하던 중 전화를 받으러 잠시 자리를 뜬 사이에 '나타샤'는 필사적인 탈출을 시도한다. '나타샤'의 탈출이 성공하게 되고 상실감에 빠진 '볼프강'은 달리는 기차에 뛰어들어 자살을 선택한다.

가끔은 영화나 드라마를 통해서 어린이 납치와 성추행 등에 대한 스토리를 접하게 되지만 이 스토리가 며칠, 몇 달에 걸친 정도가 아니라 어린이 시절부터 청소년의 시절 모두를 감금되어 폭행당하면서 지내게 되는 영화 '3096 Days'는 일반적인 상식으로는 도저히 이해할 수 없는 일이다. 영화는 성기능장애로 인한 납치라고 말할 수 없지만 성인여성에 대해서는 공포심을 가지고 있으면서 자신이 통제 가능한 소아만을 원하는 성기능장애가 불러오는 불행한 사건들도 많이 발생하고 있다.

DSM-IV에서는 이러한 성과 관련된 다양한 이상행동을 '성장애 및 성정체감장애'라는 범주로 성욕장애, 성적 흥분장애, 절정감장애, 성교통증장애 등 크게 네 가지 하위 유형으로 분류하고 있다.

영화에서 만나보는 성 관련 장애^{sexual dysfunction}

❶ 성기능장애

1) 성욕장애(sexual desire disorder)

정상적인 성적 욕구를 느끼지 못하는 경우를 말한다.

- 성욕감퇴장애(hypoactive sexual desire disorder)

성적 공상 및 성행위에 대한 욕망이 부족하거나 없어서 성적 자극을 추구하고자 하는 동기가 거의 없고, 이로 인한 좌절감도 크지 않다.

성인 인구의 약 20%가 해당하며 여성에게 더 많은 것으로 알려져 있다.

- 성적 혐오장애(sexual aversion disorder)

성적 대상과의 성기 접촉에 대한 지속적 혐오감과 적극적인 회피 행동으로, 성행위 상황을 회피하며 그런 상황에 직면하면 심한 불안, 공포, 혐오감을 느낀다.

2) 성적 흥분장애

성반응 주기의 두 번째 단계인 고조단계에서 문제가 있는 경우로 여성 성적 흥분장애와 남성 발기장애로 구분된다.

- 여성 성적 흥분장애(female sexual arousal disorder)

과거에는 불감증(frigidity)라고 불렸고, 성행위 시 성적 흥분에 따른 적절한 반응이 일어나지 않아 성교가 지속되기 어려운 경우로, 부부관계나 이성관계에 어려움이 발생된다.

- 남성 발기장애(male erectile disorder)

성행위가 끝날 때까지 성적 흥분에 따른 적절한 발기가 지속적으로 혹은 반복적으로 일어나지 않거나, 유지되지 않는 상태이며 남성의 성기능장애 중에 빈도가 가장 높다.

3) 절정감장애

성교 시에 절정감을 느끼지 못하는 장애로 여성 절정감장애, 남성 절정감장애, 조루증이 있다.

- 여성 절정감장애(female orgasmic disorder)

가장 흔한 여성 성기능장애로 성인 여성의 약 10%가 경험한다는 보고가 있으며 젊은 여성에게서 더 흔히 나타난다.
성욕구가 있고 성관계를 추구하며 성행위 시에 어느 정도의 성적 흥분을 느끼지만 극치감을 경험하는 단계에 도달하지 못하는 경우이다.

- 남성 절정감장애(male orgasmic disorder)

성행위 시 성적 흥분 상태에 도달해도 사정이 지연되거나 결여된 상태를 말하며 지루증(delayed ejaculation)이라고 불리기도 한다.
유병률은 낮은 편이지만 환자의 고통은 매우 심각하다.

- 조루증(premature ejaculation)

남성이 지니는 성기능장애 중 가장 흔한 장애이며 여성이 절정감에 도달할 때까지 사정을 지연시키지 못하는 경우이다.

4) 성교 통증장애

성교 시에 통증을 경험하는 장애로서 성교 통증과 질경련증이 있다.

- 성교 통증은 성교 중에 통증이 나타나는 것을 말하지만 성교 전이나 후에 느껴질 수도 있다.
- 질경련증은 남성의 성기가 삽입되려고 할 때 질입구가 수축되거나 폐쇄되는 장애이다.

❷ 성도착증

성도착증 혹은 변태성욕증(paraphilias)은 강한 성적 충동과 함께 성적 관심이나 상상, 대상, 행위나 방법이 비정상적인 성적 장애다.

성도착증의 50% 이상은 18세 이전에 발병하고 남자의 비율이 압도적으로 많으며 보통 두 가지 이상의 도착증을 동시에 보인다.

도착 행위는 15~25세 사이에 가장 많이 나타나고 가학증, 노출증, 소아기호증, 관음증 등은 법적 구속 대상이 될 수 있으며, 피학증은 타인에게 해를 끼치지는 않지만 성도착적 상상을 현실화하여 치명적 결과를 초래할 수 있다.

1) 노출증(exhibitionism)

성적 흥분에 도달할 목적으로, 예기하거나 경계하지 않는 낯선 사람에게 자신의 성기를 노출시키는 행위를 반복하는 것인데 대부분 남성이다.

대체로 실제 성행위를 하려고 시도하는 경우는 거의 없고 이런 행위가 6개월 이상 지속되면 노출증으로 진단된다.

2) 관음증(voyeurism)

다른 사람이 나체 상태이거나 옷을 갈아입을 때, 혹은 다른 성교행위를 몰래 훔쳐봄으로써 성적 흥분을 느끼는 경우로 이러한 목격내용을 회상하면서 자위행위를 하는 경향이 있다.

관음증 증상은 대개 15세 이전에 시작되어 만성화되는 경향이 있으며 이성과의 관계가 불안정한 남성이 많고 이들의 이성애적 발달은 일반 남성보다 좀 늦은 편이다.

3) 마찰도착증(frotteurism)

동의하지 않는 사람에게 자신의 성기나 신체 일부를 접촉하거나 문지르는 행위를 반복적으로 나타내는 경우다.

보통 청소년기에 시작되며, 대부분의 행위는 15~20세 사이에 발생한다.

4) 소아기호증(pedophilia)

사춘기 이전의 소아를 성적 공상이나 성행위의 대상으로 반복적으로 선택하는 경우이다.

소아기호증은 16세 이상에게서 진단 가능하며 법적으로 문제가 되는 성도착증이다.

5) 성적 피학증(sexual masochism)

수치심을 느끼거나 매질을 당하거나 묶이는 고통을 당할 때 성적 흥분을 느끼거나 이런 성적 행위를 반복하는 경우이고 피학행위의 정도가 심화되어 죽음에 이르기도 한다.

6) 성적 가학증(sexual sadism)

타인에게 신체적으로 혹은 심리적으로 고통이나 굴욕감을 느끼게 하는 성적 행위를 반복하는 경우다.

이런 행위는 주로 상대에 대한 자신의 우월성을 나타내는 것으로 상대방을 묶거나 기어 다니도록 하거나, 구타, 채찍질, 불로 지지기, 목조르기 등 다양한 형태가 있다.

대체로 초기 성인기에 시작되며, 만성화되어 강간, 난폭한 성행동, 성적 살인행위 등으로 지속되는 경향이 있다.

7) 물품음란증(fetishism)

무생물인 물건에 대해서 성적 흥분을 느끼며 집착하는 증상인데 주로 여성의 속옷, 스타킹, 신발 등의 착용물이 성적 흥분을 느끼게 하는 물건이다. 보통 청소년기에 발병하는데, 일단 발병하면 만성화된다.

❸ 성정체감장애(gender identity disorder)

자신이 남성 혹은 여성이라는 내적인 느낌을 반영하는 심리적 상태로서 단순히 생물학적 특징을 말하는 성과는 구별된다.

청소년과 성인의 경우에는 반대의 성이 되고 싶다는 욕구를 표현하는 것, 반대의 성으로 행세하는 것, 반대의 성으로 살거나 취급받고자 하는 소망, 반대 성의 전형적인 느낌과 반응을 자신이 갖고 있다는 확신을 보인다.

소아의 경우 다음 4가지 이상이 해당하는 경우 성정체감장애로 진단

---

1) 반복적으로 반대의 성이 되기를 소망한다.
2) 상대방 성의 옷을 입기를 고집한다.
3) 놀이상황에서 반대 성 역할에 대한 강한 선호를 보인다.
4) 놀이상황에서 반대 성 역할에 대한 강한 환상을 보인다.
4) 반대 성이 주로 하는 놀이에 참여하기를 간절히 원한다.
5) 반대 성의 놀이 친구에 대한 편애를 강하게 보인다.

성정체감장애를 지닌 사람은 자신의 생물학적 성에 대한 지속적인 불쾌감을 보이거나 자신의 성 역할에 대해 부적절감을 지닌다.

그래서 소아의 경우 남아는 자신의 음경 혹은 고환을 혐오하고, 전형적인 남성의 장난감이나 활동을 거부하는 반면, 여아는 앉은 자세로 소변보기를 거부하거나 자신에게 음경이 생길 것이라고 주장하기도 하고 여성적 복장에 대한 강함 혐오감을 나타낸다.

성정체감장애의 진단기준(DSM-IV)

A. 강하고 지속적으로 반대의 성에 대한 성적 동일시를 한다.
소아의 경우 다음 중 4개 (또는 그 이상) 항목에 해당되어야 한다.

1) 반복적으로 반대의 성이 되기를 소망한다.
2) 소년은 여성 복장 입기를 좋아한다. 소녀는 남성 복장을 고집한다.
3) 놀이에서 강력하고 지속적인 반대의 성 역할에 대한 선호 혹은 반대의 성이라는 지속적인 믿음을 갖는다.
4) 반대 성의 전형적인 놀이와 오락에 참여하기를 간절히 원한다.
5) 반대 성의 놀이 친구에 대한 강한 집착을 보인다.

B. 자신의 성에 대한 지속적인 불쾌감 또는 자신의 성역할에 대한 부적절한 느낌을 갖는다.

C. 이 장애가 신체적 증상(양성, 중성, 간성)과 동반되지 않는다.

D. 이 장애가 임상적으로 심각한 고통이나 사회적, 직업적 혹은 다른 중요한 기능영역에서 장애를 일으킨다.

🎥 성 관련된 참고영화

- 소년은 울지 않는다(Boys Don't Cry)
- 러블리 본즈(The Lovely Bones)
- 혜화동
- 그들이 진심으로 엮을 때(Close-Knit)
- 브로크백 마운틴(Brokeback Mountain)
- 헤드윅(Hedwig And The Angry Inch)
- 밀크(Milk)

영화에서 찾아보는 법적 해석

납치범 '볼프강', 그는 계획적인 납치범이다. '나타샤'가 어렸을 때 웃는 모습이 예뻐 그때부터 지하실을 만들어 납치를 준비했다고 들려준다. 3096일 '나타샤'는 "납치"로 시작하여 "감금"과 "사육", 그리고 "기아와 학대", "성폭행"을 통한 '볼프강'의 완전한 "소유물"로 지낸다.

범인과의 관계, 탈출하기까지의 과정이 고스란히 담겨진 이 영화는 영화를 보는 관객들을 숨막히는 사건의 현장으로 데려가게 만든다.

한 소녀의 인생을 유린했던 어두운 지하 감옥의 완벽한 재구성은 관객들에게 충격과 공포를 선사한다. 나타샤를 납치하기 위해 미리 지하 깊숙한 곳에 굴을 파고, 1.5평의 공간을 마련한 뒤 미로처럼 복잡한 터널을 뚫고 몇 겹의 두꺼운 문을 닫아두는 등 범인의 치밀한 납치극이 스크린 속으로 고스란히 옮겨졌다.

작은 지하방에 갇힌 채 범인이 넣어주는 아주 적은 양의 음식과 비디오, 라디오, 책에 의지한 채 유년기를 보내고, 청소년이 되어서는 노예처럼 부려지는 삶을 살아야 했던 한 소녀의 불안과 공포, 자유를 향한 끝없는 갈망에 가슴 아파진다. 8년이라는 긴 악몽의 시간을 버텨내고 좌절감에 모든 걸 포기하고 싶은 고통 속에서도 탈출을 위한 의지를 꺾지 않으려는 '나타샤'라는 소녀의 눈물어린 사투가 긴장감과 감동을 자아낸다.

끔찍한 시간이었지만 그녀는 한순간도 이 감옥을 살아서 탈출하겠다는 희망의 끈을 놓지 않는다. 아직 어리지만 놀라운 생존본능으로 그녀는 자신을 둘러싼 두려움과 절망을 극복할 수 있는 방법을 터득한다. 뿐만 아니라 "복종"을 강요하는 범인에게 자신을 보살펴야 할 책임과 사랑을 당당히 요구한다.

'나타샤'는 폭력과 학대 속에서도 범인의 무자비한 요구를 들어주며 신뢰를 쌓았다. 탈출의 기회는 우연히 다가왔다. '나타샤'와의 생활에 금전적

어려움을 겪던 범인이 납치에 이용했던 승합차를 판매하기로 하고, '나타
샤'에게 자동차 청소를 요구했던 것이다. '나타샤'가 감시를 받으며 청소
를 하던 중 범인이 구매 문의 전화를 받으며 무의식중에 자리를 비웠고,
그녀는 부지불식간에 찾아온 기회를 놓치지 않고 탈출에 성공한다.
자유를 되찾고 가족과 재회하는 마지막 순간에는 가슴 벅찬 희망과 바깥
세상에서 그녀가 꿈꾸는 밝은 미래를 엿볼 수 있다. 그녀가 탈출에 성공
한 바로 그날 범인은 스스로 목숨을 끊었다.

❶ 3096 Days의 생활 속에 나타난 범죄구성

1) '볼브강'의 계획된 납치(유괴)

유괴는 다른 사람을 속여 유인하는 것을 의미한다.

그러나 납치(拉致)라는 단어로 비슷하게 사용되나, 납치는 주로 폭력적
행위를 통해 피해자들을 "강제"로 그들이 원하지 않는 다른 장소로 이동
시키는 것을 의미한다.

납치는 강제 수단을 써서 상대방을 억지로 데려가는 행위. 유괴도 이에
해당되며 2011년 한때 '신종 납치'라 불리는 "인신매매"에 관련된 괴담이
기승을 부리기도 하는 등 해당 범죄에 대한 사회적 경각심이 커졌다.

법률적 정의로 법률에서 "유괴"는 대체로 약취·유인죄로 처벌된다. 여기
에서 "약취"란 폭행 또는 협박을 수단으로 사람을 보호되고 있는 상태에
서 분리하여 자기 또는 제3자의 실력적 지배 밑으로 옮기는 것을 말하
며, 유인이란 기망, 유혹 또는 기타 거짓된 수단을 사용해 사람을 자기
또는 제3자의 실력적 지배 밑으로 옮기는 것이다.

(1) 한국의 유아 납치 유괴사건

① 박나리 납치 유괴살해사건

'박나리' 유괴살해사건은 1997년 8월 30일 1989년생인 '박나리'(여자, 당
시 9세)가 임신 중인 여성 '전현주'에게 납치되어 살해된 사건이다. 피해

자의 이름 그대로 '박초롱초롱빛나리' 유괴살해사건이라고도 하며, 사건
의 통칭은 보도에서 대부분 살해된 '박초롱초롱빛나리' 양의 이름을 줄여
서 부른 것이다. '전현주'는 원심에서 무기징역을 선고받은 뒤 대법원에
서 확정판결을 받고 현재 복역 중이다.

② 곽재은 납치 유괴 살인사건

1990년 서울 송파구 올림픽공원 인근 아파트에 살던 '곽재은' 양은 단지
내의 유치원을 다니고 있었다.

아파트 단지 내의 유치원이었기 때문에 '곽재은' 양은 혼자서 등하교를
했다. 6월 25일 집에 돌아와야 할 12시가 되어도 재은 양은 돌아오지 않
았다.

걱정이 된 엄마는 유치원까지 갔지만, 교사는 "어머니가 전화를 해서 30
분 전에 보내달라고 하지 않으셨어요?"라고 되물었다. 어머니는 계속 수
소문하다가 오후 5시에 경찰에 유괴 신고를 했다.

범인 홍순영은 허위전화로 '재은'이를 유치원에서 하교시킨 후, 엄마의
지인으로 속이고 '재은'이를 숙명여대까지 유인해 전화번호 및 주소를 알
아낸 후, 잔인하게 건물 후미진 곳으로 가서 목을 졸라 살해했다고 자백.
협박전화를 걸었을 때는 이미 '재은'이를 살해한 후였다.

③ 결말

당시 유괴살인은 몇 년 전 터진 '함효식' 사건에서 보듯이, 그 동기나 과
정이 우발적인 경우나 정신적 문제가 있는 경우가 아니면 무조건 사형이
원칙이었으므로, '홍순영' 역시 사형 판결을 받고 1991년 12월 18일 다른
8명의 사형수와 함께 "사형"이 집행되었다.

(2) 해외의 유명한 납치 유괴사건

① 일본

일본의 니가타현에서 1990~2000년에 걸쳐 발생했던 아동납치감금사건.
정신병이 있는 아들의 폭력을 보건소에 신고한 한 여성의 집에 보건소

직원들이 방문하던 중 우연히 그 집 2층에 감금된 한 여성을 발견하여 신고하면서 알려진 사건이다.

1990년, 당시 초등학교 4학년이던 소녀는 하교하던 길에 어느 30대 남성에게 납치당했다. 그는 울며 저항하는 소녀를 칼로 위협하여 차의 트렁크에 태우고 자신의 집에 데려가 2층의 자기 방에 무려 9년 5개월간 감금해두었고, 모친은 이를 그동안 전혀 몰랐다고 진술했다. 아들의 상습적인 폭력이 무서워 2층엔 얼씬도 못했다는 것이 그 이유였다.

범인의 이름은 '사토 노부유키'. 처음에는 저항하는 소녀를 "스턴건"으로 위협하거나 구타하였고, 발육을 늦추기 위해 식사도 최소한으로만 제공했다. 발견 당시 그녀의 체중은 38킬로였으며, 두 다리로 걷기조차 힘들어할 정도로 쇠약해진 상태였다. 조금만 늦게 발견되었어도 여고생 콘크리트 살인사건의 재판이 될 뻔했다고 한다.

② 영국(메들린 맥캔 실종사건)

2007년 포르투갈에서 일어난 의문의 실종사건. 2007년 5월 초, 포르투갈 남부의 휴양지의 리조트 숙소에서 잠자던 영국의 4살배기 소녀 '메들린 맥캔'이 사라졌다. 당시 이곳에서 휴가 중이던 영국인 의사 부부인 아빠 '게리 맥캔'과 엄마 '케이트 맥캔'은 아이들을 재운 뒤, 인근 레스토랑에서 늦은 저녁식사를 하고 있었다. 하지만 리조트 방으로 돌아온 부부를 맞이한 것은 메들린의 2살배기 동생뿐이었다. 뜯겨진 침실 창문의 자물쇠는 외부 침입을 말해주고 있었다.

영국 내 다른 실종사건에 비해 굉장히 잘 알려진 사건인데, 실제로 영국에서 전 국민적으로 '메들린'을 찾기 위한 캠페인을 벌이기도 했으며 '데이비드 베컴'같은 스타들까지도 이에 동참했다. 포르투갈과 영국의 경찰들 역시 '메들린'을 찾기 위해 대대적인 수사를 벌였고 조앤 롤링은 '메들린'을 찾는 데 쓰라며 거액의 기부금을 내놓았다. 구글에서는 아예 사이트 로고의 'Google'이라는 글자 중 'oo'부분에, 위의 저 '메들린'의 사진 중 눈 부분을 합성해서 메들린 찾기 캠페인에 동참하기도 했다.

2) 미성년자 약취, 유인 납치죄

[형법 제31장 약취, 유인 및 인신매매의 죄]

제287조(미성년자의 약취, 유인) – 미성년자를 약취 또는 유인한 자는 10년 이하의 징역에 처한다.

(1) 특정범죄가중처벌 등에 관한 법률

제5조의2(약취 · 유인죄의 가중처벌)

① 형법 제287조의 죄를 범한 사람은 그 약취(略取) 또는 유인(誘引)의 목적에 따라 다음 각 호와 같이 가중처벌한다.

② 약취 또는 유인한 미성년자를 폭행 · 상해 · 감금 또는 유기(遺棄)하거나 그 미성년자에게 가혹한 행위를 한 경우에는 무기 또는 5년 이상의 징역에 처한다.

3) '볼브강'의 감금 성폭행

성범죄의 종류로는 가장 대표적인 범죄가 "강간범죄"인데, 성폭행범죄라고도 칭하는 강간범죄는 특성상 강간행위 이외에 추가적인 범죄들이 많이 발생하는 편이다.

"강간범죄"와 함께 발생하는 범죄에는 폭행, 협박, 특수강간 등의 범죄들이다. 그중에서도 피해자를 자택 혹은 특정장소에 감금 후 성폭행을 하는 경우도 많다. 이처럼 타인을 감금하는 행위자체만으로도 범죄로 취급되기 때문에 "감금 성폭행" 범죄는 처벌이 상당히 강하다.

(1) 감금행위와 성폭행범죄

① 감금행위라 할 수 있다

형법 제29장 제276조에서는 체포, 감금, 존속감금, 등의 범죄행위에 대해 설명을 하고 있다.

② 감금행위의 형량

감금행위에 대해서는 5년 이하의 징역 또는 700만원 이하의 벌금형에 처하도록 하고 있다. 여기서 감금한 대상이 자기 또는 배우자의 직계존속일 경우 10년 이하의 징역 또는 1천500만원 이하의 벌금으로 가중되게 되어 있다.

"감금범죄"의 기본형량에 이어 감금 후 "가혹행위"에 대해서는 더 가중 처벌을 하게 되는데, 7년 이하의 징역에 처하게 되며 위와 같이 자기 또는 배우자의 직계존속일 경우 2년 이상의 유기징역에 처한다.

(2) 감금 성폭행죄

감금범죄의 형량과 더불어 강간, 성폭행에 대한 범죄를 살펴보면, 강간행위는 기본적으로 3년 이상의 유기징역에 처하게 되어 있다.

강간행위가 입증되면 징역이 확실시되는데, 이에 감금행위까지 더해졌을 경우 처벌은 눈덩이처럼 불어나게 된다.(가중처벌)

(3) 감금 후 가혹행위와 더불어 성폭행의 사례판결

감금 후 가혹행위와 더불어 성폭행 행위까지 저지를 경우 혐의가 가중하다 판단하여 처벌을 가중시키게 된다.

감금 성폭행 범죄에 누명을 쓰게 되었을 경우 가해자로 지목된 남성은 강한 처벌을 받을 확률이 높다. 판례를 보았을 때 감금 성폭행의 처벌은 5년 이상의 징역이 선고되는 경우도 많았고 10년이 넘는 징역이 선고되기도 했다. 또한 범죄의 특성상 혐의가 입증되고 피해자와 합의가 불화될 확률이 높기 때문에 "집행유예" 등 처벌을 피하기가 상당히 힘들다.

① 대구고법[여자친구 감금·성폭행한 경찰간부 집행유예

대구고법 형사2부(이재희 부장판사)는 8일 사귀던 여성을 감금하고 유사성폭행한 혐의(특수상해·유사강간 등)로 기소된 대구지방경찰청 A 경정에 대한 항소심에서 징역 3년에 집행유예 4년을 선고했다. 재판부는 또 A 경정에게 40시간 성폭력치료강의 수강과 3년간 아동·청소년 관련 기관 및 장애인 복지시설 취업제한을 명했다.

재판부는 "피고인 범행으로 피해자가 상당한 고통을 받았을 것으로 보이지만, 1심 재판과정에서 부인한 범행을 인정하고 반성하는 점, 우발적으로 범행했고 항소심 재판과정에서 피해자와 합의한 점 등을 종합했다"고 했다.

② 부산지법형사6부 감금 특수강도 · 강간

부산지법 형사6부는 "특수 강도강간" 등의 혐의로 기소된 35살 A씨에게 징역15년을 선고하고 10년 동안 신상정보 공개, 10년 동안 전자발찌 착용 등을 명령했다고 밝혔다.

A씨는 부산 한 빌라에 가스배관을 타고 들어가 잠자던 여성 B씨를 10시간 가까이 감금하고 "성폭행"한 혐의 등을 받고 있다.

4) 성폭력과 성폭행, 그리고 성추행의 차이

(1) 성폭력

성폭력은 성추행, 성폭행 등을 포괄하는 단어이다.

성폭행은 강간의 완곡한 표현으로 강제로 성관계를 맺는 행위라고 한다.

이는 강간, 준강간 등에 해당된다고 하며, 성폭행은 형법 제197조에 따라 강간행위를 가한 자는 3년 이상 유기징역에 처한다고 명시되어 있다.

(2) 성폭행, 성추행

성폭행은 의사에 반한 또는 강제(폭행 또는 협박)로 성관계를 하는 것을 말한다.

성추행은 의사에 반한 또는 강제(폭행 또는 협박)로 성적 수치심이나 혐오감을 느낄 정도의 신체 접촉을 하는 것을 말한다.

이처럼 성추행은 자신의 성적 만족감을 위하여 상대방에게 신체 접

촉을 하는 행위를 말하므로. 강제추행, 공중밀집 장소추행, 업무상
위력에 의한 추행 등이 있다.

성희롱과 다른 점은 폭행이나 협박을 수단으로 추행을 한다는 점이
다.

형법 제298조에 따라 강제추행을 시도한 자는 10년 이하의 징역 또
는 1,500만원 이하의 벌금에 처하게 되어 있다.

(3) 성희롱

성희롱은 동의 없이 말 또는 행동으로 성적 수치심을 주는 것인데
아직까지는 상대 면전에서의 언어적인 성희롱은 형사 처벌규정이 없
다. 아직까지 성희롱에 대하여 잘 모르는 경우가 많아 다음의 예시를
정리해 놓았다.

① 음란한 농담이나 언사

② 외모에 대한 성적인 비유나 평가

③ 원하지 않는 신체 접촉

④ 회식야유회 등, 자리에서 옆자리에 앉히거나 술을 따르도록 하는
   행위

위 네 가지는 노동부에서 1999년 성희롱 행위로 간주하고 있다.

(4) 처벌

우리나라는 현행법상 협박, 폭행을 동반한 강제추행에 대해서는 10
년 이하의 징역이나 1,500만 원 이하의 벌금을 물게 되어 사법처리
가 가능한 죄를 성추행이라고 한다.

5) 성범죄의 악용사례

요즘 들어 성범죄가 늘어가면서 주변에서 오는 관심이 커짐에 따라 성범죄에 대한 "친고죄"는 2012년 12월 18일 형법이 개정되면서 2013년 6월 19일부터 "성범죄"와 "혼인빙자간음죄"에 대한 "친고죄"가 폐지되었다.

다시 말해, 피해자와 연관되지 않은 제3자의 신고로도 처벌이 가능하다. 법적으로도 "성범죄"는 더 이상 "친고죄"가 아니다. 증거가 명백하고 녹취록까지 있으면 지금 당장 경찰서로 찾아가 신고하면 된다.

(1) 성범죄와 친고죄

친고죄란 범죄의 피해자 기타 법률이 정한 자의 고소가 있어야 공소를 제기할 수 있는 범죄이다.

친고죄에는 "상대적 친고죄와 절대적 친고죄"가 있는데, 전자는 범인이 피해자와 일정한 신분관계를 가지는 경우에 한해서 친고죄가 성립하는 경우이며 후자는 범인이 피해자와 일정한 신분관계가 있든 없든 친고죄가 성립하는 경우를 말한다.

상대적 친고죄에는 "친족상도례"가 적용 및 준용되는 "재산죄" 관련 범죄인데, 이 경우 범인을 지정해서 고소하지 않는 한 다른 공범자를 고소하더라도 그 효과는 친족인 공범자에게 미치지 않는다.

(2) 성범죄의 친고죄 폐지

성폭력범죄의 처벌 등에 관한 특례법, 형법 등이 2013년 6월 19일 개정됨에 따라 성범죄 관련 친고죄 조항이 모두 삭제되었다.

성범죄는 피해자의 명예와 2차 피해발생 우려 등을 이유로 하여 피해자나 고소권자가 직접 고소를 제기해야만 수사와 처벌이 가능했지만 이번 법률개정으로 향후 "강간이나 강제추행" 등 형법상 모든 성범죄와 공중밀집장소에서의 추행, 통신매체를 이용한 음란행위 등 특별법의 모든 성범죄에 대해 친고죄와 "반의사불벌죄" 규정이 사라져 피해자의 고소가 없어도 기소 및 "형사 처벌"이 가능해졌다.

6) 청소년 대상 성범죄 판례

(1) 어느 여고생의 악몽 같은 사흘

사건 새벽 6시 반, 여고생 C양(17세)은 학교에 가기 위해 평소처럼 버스에 올라탔다. 그런데 갑자기 바로 옆 좌석에 있는 아저씨의 팔꿈치가 몸에 닿았다. 그 순간 C양의 몸은 돌처럼 굳어졌다.

이때부터 D씨(40대)의 추행은 시작됐다. 그는 겁에 질려 꼼짝하지 못하는 C양의 몸을 더듬기 시작했다. 다음 날 D씨는 더 대담해졌다. 같은 시각 버스 안에서 C양의 뒷자리에 앉아 좌석 의자와 창문 틈 사이로 손을 집어넣고선 겁에 질려 있는 C양의 교복 속에 손을 넣어 온몸을 만졌다. 그는 C양이 버스에서 내리자 잠깐 같이 가자며 인근 교회 주차장으로 데리고 간 다음 겁탈을 시도했으나 도망가는 바람에 뜻을 이루지 못했다. 사흘째되는 날도 추행은 이어졌다. 그는 이번에는 버스 통로 쪽에 앉은 C양을 창문 자리로 앉게 한 뒤 치마 속으로 손을 집어넣었다.

판례 서울서부지법은 2010년 D씨에게 아동·청소년의 성보호에 관한 법률을 적용, 징역 1년 6월을 선고했다.

또한 5년간 신상정보 공개도 명했다. 그나마 D씨에게 아무런 전과가 없는 데다 반성하고 있으며 C양 쪽에서 처벌을 원치 않는다는 점이 참작됐다. 상식적으로 버스 안에서 이런 일이 일어나기는 쉽지 않다. 아무런 전과가 없는 D씨가 이런 짓을 저지른 건 새벽 시간대이고, 피해자가 저항을 하지 않는다는 점을 잘 알기 때문이었을 것이다. 역으로 생각하면 성추행범들은 여리고 만만한 사람을 목표로 한다는 점을 알 수 있다.

(2) 강요에 의한 성노예(성매매)

사건 E군(19세) 등 4명은 16~19세로 함께 어울려 다니는 사이다. 그들은 F양(16세)을 알게 된 후 계속 괴롭혀 왔다. 돈이 궁했던 이들은 F양을 이용해 이른바 '조건 만남'으로 돈을 벌 계획까지 세우게 된다. E군 일행은 밤마다 모텔방 컴퓨터로 '지금 아는 남자만', 'ㅇㅇ만남' 등의 채팅방에 접속, 조건 만남을 시도했다. 그들은 성인 남자들과 '흥정'을 벌인 다음, F양을 모텔방으로 들여보냈다. F양이 받은 돈은 고스란히 E군 일행의 용돈이 됐다.

F양은 몇 차례 도망을 갔지만 그때마다 붙잡혀 가차 없이 주먹질과 발길질을 당해야만 했다.

판례 2010년 대구지법 포항지원은 아동·청소년의 성보호에 관한 법률 위반(강요행위), 폭력행위 등 처벌에 관한 법률 위반(공동폭행)죄를 적용, E군에게는 징역 6월의 실형을, 나머지 3명에게는 "징역형의 집행유예"를 선고했다.

법원에서 인정된 조건 만남 건수만 쳐도 40건이 넘었다. 연약한 소녀를 이용한 범죄를 저지른 E군 일행도 몹쓸 짓을 저질렀지만 열여섯 소녀와 성관계를 한 수많은 어른들은 또 뭔가. 안타깝게도 이들은 신원이 밝혀지지 않아 법의 단죄마저 피해갔다.

(3) 성폭행하려다 멍만 들게 했다면 무슨 죄?

밤 11시 술에 취한 '남근성'(가명)씨는 처제 '한송이'(가명)씨가 살고 있는 원룸을 찾았다. 문이 잠겨 있자 주방 쪽 창문을 넘어 방으로 들어갔다. 남씨는 안방에 있는 한씨의 목을 감싸면서 바닥으로 눕히고 어깨로 양쪽 허벅지를 눌러 성폭행하려 했으나 그 와중에 한씨가 도망가는 바람에 미수에 그쳤다.

한씨는 그 과정에서 오른쪽 허벅지와 종아리에 약간 멍이 들었다.

① 법원은 남씨를 어떤 죄로 어떻게 처벌했을까?
- 주거침입죄로 벌금형
- 상해죄로 징역형(집행유예)
- 강간미수로 징역형(집행유예)
- 강간치상으로 징역형

판례 남씨는 처제 한씨에게 잘못한 건 맞지만 한씨의 상처가 일상생활에 지장이 없고 자연치유될 정도이므로 선처해 달라고 호소했다.

하지만 법원은 엄격했다. 법원은 "남씨가 상체로 한씨의 반항을 억압하기 위해 '유형력'을 행사한 사실이 인정되고 이로 인해 한씨의 몸에 멍이 들었다"며 "상처는 강간의 수단인 폭행을 직접 원인으로 해 발생한 것"으로 봤다. 한씨는 의학적으로 우측 하퇴부 좌상을 입었다. 상처의 정도가 심하지 않은 것은 사실이었다. 하지만 전치 2주의 진단에 연고 처방을 받았고, 열흘 정도 지난 시점까지 멍이 남아 있었다면 상해에 해당한다는 것이 법원의 판단이었다. 대법원도 강간을 하기 위한 폭행·협박으로 생긴 상처가 통상 발생할 수 있는 정도를 넘어섰다면 강간상해죄의 '상해'에 해당한다는 입장이다. 남씨는 술에 취해 심신미약 상태에 있었다고 형의 감경을 요청했지만 법원은 이마저 받아들이지 않았다. 법원은 남씨에게 "성폭력범죄의 처벌 등에 관한 특례법상"의 강간 등 치상죄를 적용, 징역 5년의 중형을 선고했다. 그나마 "성폭행이 미수에 그쳤고 처제가 처벌을 원하지 않는다는 점을 양형에 고려했다"고 법원은 설명했다.[강간치상으로 처벌]

CINEMA 10
뷰티풀
마인드

패닉 룸(2002)   01
파이트 클럽(1999)   02
노이즈(2004)   03
케빈에 대하여(2011)   04
캐치 미 이프 유 캔(2002) 05
블랙스완(2010)   06
인썸니아(2002)   07
목격자(2017)   08
3096일(2013)   09
뷰티풀 마인드(2002)   **10**

"기적은 머리가 아니라 가슴에서 일어나는 것일지도 몰라요."
"제 인생의 가장 중요한 발견은 신비로운 헌신적 사랑이었습니다.
거기엔 어떤 논리적 이유도 없었습니다."

뷰티풀 마인드

A Beautiful mind

뷰티풀 마인드 A Beautiful mind

장르: 전기 / 드라마

감독: 론 하워드

출연: 러셀 크로우(존 내쉬) /

　　　제니퍼 코넬리(알리시아 내쉬) /

　　　에드 헤리스(파처) /

　　　폴 베타니(찰스)

• 등장인물

러셀 크로우	제니퍼 코넬리	에드 헤리스
존 내쉬	알리시아 내쉬	파처

존 내쉬의 실화를 바탕으로 영화를 만든 '론 하워드' 감독, '러셀 크로우' 주연의 영화이자 '정신분열(조현병)'의 교과서적인 영화.

2002년 골든 글로브 4개 부문을 석권한 화려한 이력을 가진 영화.

너무도 유명해서 추가 설명이 필요할까 하는 생각이 저절로 드는 영화.

그 영화가 바로 '뷰티풀 마인드'이다.

150년을 이어온 '경제학 이론'을 뒤집고 신경제학의 새로운 패러다임을 제시한 천재 수학자 '존 포브스 내쉬'의 이야기를 담은 이 영화의 시작은 '실비아 네이사르(Sylvia Nasar)'가 천여 번의 인터뷰를 통해 완성한 전기 'A Beautiful Mind'라는 원작으로부터다.

실존인물인 존 내쉬는 기존 게임이론에 대한 새로운 분석을 하면서 제2의 아인슈타인이라 불린 인물이지만, 그는 인생의 절반이 넘는 50여년을 정신분열증으로 시달렸기에 아내인 알리시아의 도움을 받으며 처절한 투쟁을 벌였다.

결과적으로, 그는 '천재 수학자'라는 수식어를 받기에 충분했던 인물이며 모든 것을 이겨내고 1994년 '노벨경제학상'을 수상하기도 했다.

감독을 맡은 '론 하워드(본명 Ronald William Howard)'는 아카데미 감독상을 여러번 수상했는데, 그중 한 작품이 바로 '뷰티풀 마인드'다.

모든 감독들이 태어나면서부터 영화감독이거나 어려서부터 영화감독을 꿈꾸면서 자라는 건 아닌 것처럼 하워드의 어린 시절은 아역배우로 시작되었다. 그것도 아역배우로 잠시 활동한 게 아니라 성장과정 내내 꾸준히 배우로 활동했기 때문에 미국에서는 배우로서 이름이 더 많이 알려진 감독이다.

그래서 그런지 감독들은 대체로 자신의 특정 장르가 있는 반면에 론 하워드는 장르에 국한되지 않고 코믹에서 정치물까지, 제목을 들어보면 "정말 장르의 폭이 넓구나"라고 공감이 될 정도로 폭넓은 연출력을 자랑한다.

'뷰티풀 마인드' 영화 제작자인 '브라이언 그레이저'가 우연히 '존 내쉬'에 대한 이야기를 접하고 영화를 제작하기로 결정한 후에 자신과 의견이 맞

출처: NAVER 영화(포토, 스틸컷)

았던 '론 하워드' 감독에게 연출을 부탁하면서 탄생한 작품으로 스토리라인을 따라 진행되는 독특한 연속촬영 방식을 사용했다.

론 감독은 자신이 영화를 맡게 된 후 주연을 선택하는 데 있어서 제작자가 추천한 '톰 크루즈'를 두고 이견이 있었지만 감독의 입장에서는 선견지명이 있었던 것처럼 처음부터 '러셀 크로우'를 고집했다고 한다.

게다가 영화의 각본을 '아키바 골드만'이 맡았는데 원작대로 가지 않고 허구적인 새로운 시각으로 해석하면서 존 내쉬의 삶을 반전과 미스터리한 구성으로 완성했다.

각본가 아키바 골드만은 아동심리학자였던 자신의 부모 덕분에 존 내쉬의 정신적·심리적 고통을 잘 이해하게 되었고 그런 배경으로 인해서 영화의 구성을 단순한 드라마가 아닌 미스터리한 구성으로 연결하게 된 것이다.

• 스토리 전개

최고의 엘리트들이 모이는 프린스턴 대학원.

내성적이고 무뚝뚝하며, 자기 확신에 차 있는 수학과 신입생 '존 내쉬'가 시험도 보지 않고 장학생으로 입학한다.

뛰어난 두뇌와 수려한 용모를 지녔지만 괴짜 천재로 알려진 그는 기숙사 유리창을 노트 삼아 단 하나의 문제에 매달린다.

어느 날 술집에서 눈에 띄는 여학생들을 둘러싸고 친구들과 내기를 벌이던 존 내쉬는 직관적으로 '균형이론'의 단서를 발견한다.

1949년 27쪽짜리 논문을 발표한 20살의 존 내쉬는 하루 아침에 학계의 스타로 떠오르며 '제2의 아인슈타인'이라는 별명을 갖게 된다.

이후 알리시아와 결혼도 하고 MIT 교수로 승승장구하던 그는 '윌리암 파처'라는 정부 비밀요원을 만나 암호 해독 프로젝트에 비밀리에 투입된다.

하지만 점점 소련 스파이가 자신을 미행한다는 생각에 사로잡히는 존은 목숨의 위협에도 불구하고, 아내에게 끝까지 자신의 일을 비밀로 한다.

출처: serendipitous(thinkr.egloos.com)

세계 최고의 엘리트들만 다닐 수 있다는 프린스턴 대학원에 시험도 보지 않고 장학생으로 입학한 천재 '존 내쉬'는 오만하게 보일 정도로 자기확신에 차 있다.

게다가 놀랍도록 천재적인 그가 처절하리만큼 안타까운 모습으로 자신과 주변을 힘겹게 만드는 것을 보면 불편하기까지하다.

그래서 우리는 "저렇게까지 미친 사람이 회복된다는 건 불가능하지. 저건 그냥 영화일 뿐이야."라고 생각하기 마련이다.

"어떤 이유에서 어디까지 저렇게 되는 걸까?"

"도대체 정신분열(조현병)이라는 게 뭐길래 사람을 저렇게까지 황폐하게 만들 수가 있는거야?"라는 궁금함이 들게 된다.

영화에서 만나보는 조현병schizophrenia

어느 날부터 갑자기 일이 제대로 풀리지 않는다. 나는 책상에 앉아서 학업에 집중이 되지 않아서 안절부절못한다.

밤에는 잠을 잘 수도 없고 어렵게 잠이 들어도 내가 죽는 꿈을 꾼다.

나는 밖에 나가기 두렵다. 집밖에 있는 사람들이 나를 죽이라고 외치는 것 같고 내 몸에서 악취가 나는 듯해서 매일 수십번씩 손을 씻거나 샤워를 한다. 내가 친구에게 이런 하소연을 했더니 정신과 의사를 소개해줬지만 나는 병원에 가는 대신 술과 수면제를 복용하기 시작했다.

또 다른 날에는 가게에 들어갔는데 그곳에 있는 다른 사람들이 나에게 "너는 지금 무슨 짓을 하고 있냐?"며 비난을 했다.

집에 돌아온 나는 더 이상 이렇게 살 수 없다는 생각이 들어서 수면제를 과다복용했다. 그런데 그 순간 "너는 천국에 갈 수 없다."라는 목소리가 들렸다. 친구가 소개해준 정신과 의사에게 찾아갔는데 병원에 도착하자

마자 심하게 토하기 시작했다. 정신과는 미친 사람들만 가는 곳이라고 생각했었는데 내가 정신과에 찾아 갔다는 것을 받아들일 수 없었다.['조현병(schizophrenia)'으로 진단 받은 유사물]

영화 '뷰티풀 마인드'와 공통되는 대표적인 증상은, 누군가가 존재하고 나에게 말을 하며 약물을 복용하고 있다는 점이다.

조현병(정신분열)의 증상으로 인해 자주 발생하는 문제는 이상한 행동을 하고 사회적 기술이 부족해서 친구를 사귀지 못하고 외톨이가 되며 물질 남용률이 높은데다가 자살률이 높은 중증장애라는 점이다.

1800년대 초부터 정신적 장애로 인식되기 시작한 '조현병(정신분열)'은 정신장애 중에서 가장 심각한 문제 증상을 나타낸다.

'조현(調絃)'이란 현악기의 줄을 고른다는 뜻으로, 뇌의 신경구조의 이상으로 마치 현악기가 제대로 조율되지 않은 것처럼 혼란을 겪는 상태를 의미하며 우리나라에서는 '정신분열'로 불리웠으나 어감상의 문제로 2011년 3월 '대한의사협회'에서 "조현병"으로 개정하기로 확정하였다.

성격 전체가 와해되고 사고와 지각이 왜곡되며 현실검증력이 심각하게 손상되기 때문에 흔히 사람들이 미쳤다고 표현하는 상태가 된다.

Saha, Chant & McGrath의 연구에 의하면 실제로 조현병 환자들은 일반인보다 자살로 죽을 가능성이 12배나 크다.

또 이 장애를 연구한 많은 학자들 중에 'Bleuler'는 '4A'로 불리는 네 가지 근본 증상(감정의 둔마, 기괴하고 왜곡된 사고, 무욕증, 양가감정)에 대해 중요시했다.

그리고 'Kurt Schneider'은 조현병에서만 나타나는 것이 아니라 다른 정신병적 장애에서도 나타날 수 있는 '일급 증상'을 제안했고 이 진단적 개념은 이후 진단체계에 많은 영향을 주었다.(Wing & Nixon, 1975)

Schneider의 일급증상

1. 자신의 생각을 크게 말하는 환각적 음성
2. 자신에 관해 타인이 말하거나 다투는 내용의 환각적 음성
3. 자신의 현재 행위를 계속 기술하는 내용의 환각적 음성
4. 망상적 지각: 정상적인 지각 체험을 망상적으로 해석하는 것
5. 신체적 수동성: 자신의 신체 감각은 외부에서 주어진다고 믿는 것
6. 사고의 주입(thought insertion)
7. 사고의 철수(thought withdrawal)
8. 사고의 전파(thought broadcasting)
9. 자신의 정서가 외부의 힘에 의해 조종받는다고 믿는 것
10. 자신의 충동과 운동성 활동이 외부의 힘에 의해 조종받는다고 믿는 것

❶ 조현병의 분류

조현병(정신분열)의 하위 유형은 편집형, 해체형, 긴장형, 감별불능형, 잔류형 등으로 소개되고 있는데 하위 유형이 완전히 상호배타적인 것은 아니지만, 하위 유형에 따라 증상이 많이 달라지고 촉발요인과 경과, 치료에 대한 반응성도 차이가 있다.

DSM-5에서는 조현병의 양상을 대표적으로 3가지로 분류하였고, 긴장형 조현병은 다른 조현병과 큰 연관이 없음을 암시하였다.

1) 편집형(paranoid type)

인지적 기능과 정서가 비교적 유지되는 상태에서 현저한 망상이나 환청을 보인다는 특징을 가진다.

일반적으로 언어나 행동에는 큰 문제가 나타나지 않으며 망상이 나름의 논리와 체계를 갖추고 있는 경향이 있다.

전형적인 형태는 피해망상과 과대망상이지만 그 밖에도 질투망상, 종교

망상, 신체화 망상 등과 관련된 망상이 나타나기도 한다.

예를 들면 자신이 인류구원을 위한 구세주이기 때문에 전세계에 걸친 국가정보 기관에서 자기를 납치하기 위한 경쟁을 벌이고 있다고 믿는다.

2) 해체형(disorganized type)

주로 20세 전후에 처음 발병하기 때문에 파과형 조현병이라고도 한다.

와해된 언어와 행동 및 부적절한 정서가 나타난다는 특징을 가지고 있으며, 와해된 언어는 내용과 별 관련이 없는 웃음이나 바보스러움을 동반하기도 한다.

혼란된 사고와 감정으로 인해 병의 경과에 따라 자폐적인 사고장애가 심화될 수 있다.

3) 긴장형(catatonic type)

목적 없는 과도한 운동성 활동을 하는 긴장성 흥분, 얼굴 찡그리기, 손뼉치기 등의 기이한 매너리즘 증상이다.

◀ 긴장형 조현병에서 나타날 수 있는 신체적 장애

- 함구증: 말을 거의 또는 아예 하지 않는다.
- 거부증: 요구나 명령을 무시하거나 반대되는 행동을 한다.
- 상동증: 같은 동작을 계속해서 반복한다.
- 반향언어 & 반향행동: 상대의 언어나 행동을 따라한다.
- 부동증: 환경에 대해서 반응하지 않고 정신운동적 움직임이 없다.
- 납굴증: 몸을 불편하게 구부려 놓아도 원상태로 돌아가지 않고 자세를 유지한다.

❷ 조현병의 증상

조현병에 대한 DSM-IV-TR의 진단기준

다음 증상 중 2개 이상이 있어야 하며, 1개월 중 상당기간 동안 존재해야
한다.
- 망상, 환각, 혼란된 언어, 심하게 혼란된 행동이나 긴장증적 행동, 음성 증상
- 발병 이후의 사회적 · 직업적 기능부전
- 장애의 증세가 적어도 6개월 이상 지속되어야 한다.
적어도 1개월 동안은 망상, 환각, 혼란된 말, 혼란되거나 긴장증적 행동이
지속되어야 하며, 나머지 기간은 음성증상이나 그 밖의 증상들이 약해진
형태로 나타나야 한다.

1) 양성증상

이상한 사고, 행동이 두드러지게 나타나는 것을 의미하며 연령 증가에
더불어 감소하는 것으로 알려져 있다.

- 망상

현병의 양성증상 중 보편적인 것으로, 현실성이 없는 믿음, 즉 지각이나
경험에 대한 잘못된 해석을 포함하는 잘못된 믿음으로 그 내용은 사회문
화적 영향을 받는 경향이 있다.

조현병 환자의 절반 이상에서 발견되었지만 다른 장애, 특히 양극성 장
애나 정신증적 양상이 수반된 우울증, 망상장애를 갖고 있는 사람들에서
도 발견된다.

- 환각

비현실적인 지각이나 감각 경험을 말하며 진단상으로 특히 중요하다고

생각된다.

- 환청

목소리, 음악 등 실재하지 않는 소리를 듣는 것을 말하며 남성보다 여성에게 더 흔하게 나타나는 증상이다.

- 환시

현재하지 않는 시각적 자극을 보는 것을 말한다. 예를 들면 돌아가신 부모님과 대화 나누고 있는 것 등이다.

- 환촉

신체피부상의 이상 지각이고 신체적 환각은 신체 내부의 이상 지각이다. 예를 들면 온몸에 벌레들이 기어 다니는 느낌 때문에 고통받거나 내장에 벌레들이 돌아다니고 있다고 느끼기도 한다.

- 와해된 사고 및 언어 표현

말이 논리적으로 조직화되지 못하는 상태여서 언어의 사용이 지리멸렬해지는데 이를 '말비빔'이라고 한다.

2) 음성증상

언어, 행동, 정서 등에서 나타나는 기능상의 결손 및 상실을 가리킨다. 음성증상을 평가할 때 조현병에 의한 증상인지 다른 요소에 의한 것인지 구별하는 것이 중요하다.

- 의욕 결핌

외견상 에너지가 부족하고 통상적인 활동에 대한 흥미가 결여되어 있다. 예를 들면, 머리가 지저분한 상태로 두는 것, 며칠동안 이도 닦지 않거나 옷차림은 마구 헤쳐져 있는 등 자신의 몸을 돌보지 않는다. 또한 대부분의 시간을 아무것도 안 하면서 이리 저리 돌아다니기도 한다.

- 둔화된 정서

외부 환경에 대한 정서 반응이 심하게 감소하거나 전혀 없는 상태를 말한다. 예를 들면, 어머니가 돌아가셨다는 소식을 듣고도 전혀 슬픈 감정을 느끼지 않는다.

- 표현 불능

말수가 크게 감소하는 것이다. 자발적인 언어표현을 거의 하지 않으며 질문에 대답한다고 해도 단답이거나 공허한 대답에 그친다.

- 무욕증

쾌감 불능의 상태로 즐거운 일에 흥미를 상실하거나 즐거움을 덜 느낀다.

- 비사교성

일부 조현병 환자는 사회적 관계가 심히 손상되어 있다. 친구가 거의 없고 사회성 기술도 형편없으며 다른 사람과 함께 있는 것에 대해 흥미가 거의 없다. 이 증상은 조현병의 초기에 나타나는 경우가 흔하며 정신병적 증상이 발생하기 이전인 아동기에 시작된다.

3) 혼란된 말과 행동

듣는 사람이 알아들을 수 있도록 생각을 조직하고 말하는 데 문제가 있고 무엇을 말하려고 하는지 정확히 이해하기가 어렵다.

혼란된 행동에는 다양한 유형이 있는데, 갑자기 화를 내거나 괴이한 옷을 입기도 하고, 음식을 감추거나 쓰레기를 모으기도 하며 대중 앞에서 성적으로 부적절한 행위를 하기도 하는 등 자신의 행동을 지역사회 규범에 맞게 행동하지 못해서 일상 생활을 하는 데 어려움을 겪는다.

❸ 조현병의 발병론

1) 생물학적 접근

- 유전적 원인

조현병의 발병은 가족 혹은 혈연관계와 밀접한 관련이 있는 것으로 알려져 있다. 즉 일반인들이 조현병에 걸릴 확률은 약 1% 정도인데 비해 조현병 환자의 1차 직계가족인 경우 10~15% 정도이고, 2차 직계가족인 경우도 일반인보다 높은 발병률을 보였다.

조현병을 유발하는 단일 유전자가 발견되지는 않았지만, 일란성 쌍생아의 발병위험률이 48%에 달하는 반면에 배우자와의 관계는 2%에 해당한다는 표는 유전적으로 전이된다는 연구보고를 뒷받침한다.

유전적 관련성과 조현병 발병의 위험률(Gottesman,1991)		
관계	유전적 관련성(%)	발병의 위험률(%)
일란성 쌍생아	100	48
부모가 모두 조현병인 아동	50	46
이란성 쌍생아	50	17
한쪽 부모가 조현병인 아동	50	13
형제자매	50	10
조카	25	3
배우자	0	2
무관계	0	1

- 뇌 구조의 이상

신경전달물질은 두뇌 속의 세포들이 서로 소통하고 연결되도록 하는 물질로, 조현병에서는 특히 "도파민"과 "세로토닌"이라는 신경전달물질이

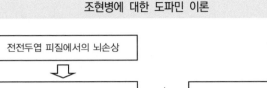

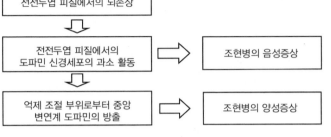

불균형을 보인다고 알려져 있다.

일부 연구에 따르면 조현병이 있는 여성보다 남성이 더 심각한 뇌 구조 및 기능상의 이상을 보인다.

2) 심리사회적 접근

- 초기 정신역동적 이론

초기 아동기에 일차적 양육자와 심각한 수준의 부정적인 경험을 할 경우 조현병이 유발될 수 있다.

정신분석이론의 프로이트에 따르면, 어머니가 지나치게 엄격하고 사랑을 주지 않으면, 아동이 유아기 수준의 기능으로 퇴행하고 자아는 현실과 비현실을 구분하는 능력을 상실하게 되어 조현병이 발생한다고 보았다.

- 가족이론

가족 내 의사소통 패턴이 역기능적일 때 가족생활이 스트레스를 증가시키고 조현병의 유발 및 재발에 기여한다고 본다.

예를 들면, 이중적인 메시지를 전달하는 경우인데 어머니가 아이를 괜찮다고 달래면서 표정과 태도는 분노를 담고 있는 모습을 보이는 경우이다.

📽 조현병과 관련된 참고영화
- 미 마이셀프 앤드 아이린(Me, Myself & Irene)
- 샤인(Shine)
- 솔로이스트(Soloist)
- 싸이보그지만 괜찮아
- 셔터 아일랜드(Shutter Island)
- 제거자(Removal)

영화에서 찾아보는 법적 해석

정신분열증(조현병)의 발병은 서서히 진행하여 주된 증상은 환청, 망상, 이상 행동, 횡설수설 등의 증상과 감정이 메마르고 말수가 적어지며 흥미나 의욕이 없고 대인관계가 없어지는 등 증상이 나타나는 경우로 분명 '존 내쉬'는 "정신분열(일명 조현병)"증 환자이다.

영화 속 범죄행위의 사건을 찾아보고자 했지만 실질적 범죄행위를 찾아보기란 그리 쉽지 않은 듯하다. 하지만 굳이 찾아보자면 3가지 측면에서 논하고자 한다.

그러나 현행 형법에서는 "정신분열증(조현병)"환자가 저지른 범죄의 행위에 대한 처벌 수위에 대해서는 "무죄" 또는 "감경"이라는 판결에 대하여 "갑론을박"이 벌어지고 있다.

형법 제10조 제1항은 "심신장애로 인하여 사물을 분별할 능력이 없거나 의사를 결정할 능력이 없는 자의 행위는 벌하지 아니한다." 제2항은 "심신장애로 인하여 전항의 능력이 미약한 자의 행위는 형을 감경한다."고 규정하고 있다. 이처럼 형법이 심신장애인 사람을 처벌하지 않는 이유는 자신의 의사와 상관없이 발생한 사건에 대하여 범죄의 책임을 물을 수 없기 때문이다.

따라서 "정신질환자"의 "범죄"는 "범죄"를 저질렀을 당시 정상적인 사물변별능력과 행위통제능력이 결여 또는 미약한 상태에 있었는지에 대한 판단이 처벌 여부를 결정하게 된다.

그렇다고 해서 "정신질환"을 앓고 있는 사람의 모든 범죄에 형법 제10조가 적용되는 것은 아니다. 2013년 "형법 제10조에 규정된 심신장애는 정신병 또는 비정상적 정신상태와 같은 정신적 장애가 있는 외에 이와 같은 정신적 장애로 말미암아 사물에 대한 변별능력이나 그에 따른 행위통제능력이 결여 또는 감소되었음을 요하므로, 정신적 장애가 있는 자라고 하여도 범행 당시 정상적인 사물변별능력과 행위통제능력이 있었다면 심신장애로 볼 수 없다"는 판례가 있다. 그런가 하면 대법원은 "다만 증상이 매우 심각하여 원래의 의미의 정신병이 있는 사람과 동등하다고 평가할 수 있거나 다른 '심신장애사유'와 경합된 경우 등에는 심신장애를 인정할 여지가 있으며, 이 경우 심신장애의 인정 여부는 '성주물성애증'[무생물인 옷이나 신발 등을 사람의 몸의 연장으로서 성적 각성과 희열의 자극제로 믿고 성적흥분을 고취시키는 데 사용하는 일종의 정신질환으로, 흔히 여성속옷 등에 집착하는 자가 성애물증 환자이다.] 정도 및 내용, 범행의 동기 및 원인, 범행의 경위 및 수단과 태양, 범행 전후의 피고인의 행동, 범행 및 그 전후의 상황에 관한 기억의 유무 및 정도, 수사및 공판절차에서의 태도 등을 종합하여 법원이 독자적으로 판단할 수 있다"고 판시한 바 있다.

❶ '윌리엄 파처'와 '존 내쉬'의 환상속의 갈등 "살인"

1) 정신분열증(조현병) 환자의 판결 예

환상과 망상 속에서의 범죄행위는 현실적으로 위험한 행위이다. 이러한 행위가 곧 "묻지마" 살인으로 이어지는 경우가 많다.

환상이 아닌 실질적인 행위라고 한다면 범죄의 구성요건에 해당되지 않은 심신미약의 감경 또는 무죄일 가능성이 크다고 본다.

'존 내쉬'와 비슷한 사례의 범죄행위를 보면 2014년 "발달장애"를 앓고 있던 이모(당시 19세) 군이 두 살배기 아이를 3층 건물에서 떨어뜨린 사건이 있었다. 사건 당일 "재활치료"를 위해 활동보조인과 함께 복지관을 찾았고, "활동보조인"이 잠시 자리를 비운 사이 생면부지의 아이를 난간 밖으로 던져 사망하게 한 사건이었다. 2016년 발생한 강남역 "묻지마 살인사건"의 경우 "조현병", "정신분열"을 앓고 있던 범인(34)이 생면부지의 여성을 흉기로 찔러 살해한 사건, 그러나 두 살배기를 살해한 발달장애아 이군은 "심신장애"로 인해 사물을 변별하거나 의사를 결정할 능력이 없는 "심신상실" 상태에서 범행한 점이 1, 2심에 이어 대법원에서 인정돼 무죄를 선고받았다.

2) 정신분열증(조현병) 환자의 범죄행위

(1) 1966년 대한민국의 통일을 위해서는 자식을 죽여야 한다는 환청을 듣고 잠자는 3살 아들의 목을 드럼통 뚜껑으로 내리쳐 절단한 후 머리를 들고 온동네를 뛰며 "대한민국 만세"를 외치고 춤추다 체포된 사건이 있었다.

(2) 1997년에는 조현병 환자가 놀이터에서 놀던 어린이들을 흉기로 마구 찔러 한 명이 숨지고 두 명이 중상을 입는 사건도 있었는데, 아이들이 살려달라고 울부짖는데도 시시덕거리며 칼을 휘둘렀다.

(3) 2015년에는 천안의 한 "정신분열증(조현병)" 환자가 피해망상으로 새로 이사온 이웃이 자신을 죽이기 위해 고용된 살인 청부업자라며 베란다를 통해 침입해 일가족에게 흉기를 휘두른 참극이 있었다.

조현병 환자의 위험성이 낮다는 주장도 있지만, 범죄율이 비슷하다고 해도 강력범죄의 비율(일반인이 1%대지만 조현병 환자는 11%)에서 큰 차이가 있으므로 위험하게 다루고 조심해야 한다.

3) 정신분열증(조현병) 환자에 대한 편견

하지만 모든 정신분열증(조현병) 환자가 이처럼 위험하다고 생각해선 안된다.

발생 초기에 적절한 약물치료와 관리가 동반되면 정신 능력이 거의 정상치를 보이기도 한다. 이렇게 제대로 치료만 하면 되는 질환을 방치해 이와 같은 사고로 이어지니 매우 안타까운 일이라고 본다. 잘 치료한 사람들은 정상인과 섞여 아무런 구분 없이 정상적인 사회활동을 하기도 한다고 의학계는 말하고 있다. 영화 속 '존 내쉬'를 통해 알 수 있듯이 정신분열증(조현병) 환자라고 모두가 낮은 지능을 보이는 것이 아니라 정상이거나 오히려 더 높은 지능을 가진 경우도 있다. '존 내쉬'의 경우도, 정신분열증(조현병) 환자였지만, 치료 순응도가 높은 환자들은 자신이 환자라는 사실을 주지시키면 잘 기억하고 치료 예후는 정상인처럼 행동할 수 있다고 한다.

❷ 정신병원의 '존 내쉬' 강제이송에 따른 법률행위

본인 의사에 관계없이 보호자 요청과 의사 진단만으로 정신병원에 입원시킬 수 있도록 한 법 조항이 사실상 위헌이라는 헌법재판소의 결정이 나왔다.

헌재는 법이 남용되지 않도록 제도 개선이 필요하다고 강조했다.

보호자 2명의 동의와 의사의 진단만 있으면 강제입원이 가능하도록 한 (구)정신보건법 제24조 제1항 때문이다.

법의 부작용이 꾸준히 문제로 지적되면서 결국 해당 조항은 헌법재판소의 심판대에 올랐고, 헌재는 헌법불합치, 즉 사실상 위헌 결정을 내렸다. 헌법재판관 9명 전원이 현행법 조항의 문제점을 인정했다.

헌법재판소는 "정신질환자"의 신속한 치료를 위해 해당 법 조항의 필요성은 인정했으나, 그 과정에서 지나치게 신체의 자유를 침해하고 재산이나 치정 등에 의해 해당 조항이 악용될 여지가 있다고 판단했다.

또 정신분열증(조현병) 정도에 대한 명확한 기준이 없어 전문의의 주관적 판단이 개입할 우려도 크다고 판단했다.

1) '존 내쉬' 정신병동 감금행위는 위법

헌법재판소의 판결에 따르면 '존 내쉬'의 정신병원으로의 강제이송 감금행위는 불법이라고 봐야 할 것이다.

조현병 환자의 범죄가 증가하는 추세지만, 모든 "조현병 환자"가 "잠재적 범죄자"로 간주되는 것은 경계해야 한다.

전체 범죄자 수에 비해 정신장애 상태에 있었던 범죄자의 비율은 여전히 높지 않은 수치이고, 누구나 겪을 수 있는 "정신질환"을 모두 "범죄의 예고"로 보기에는 무리가 있다는 것이다.

2) 정신건강복지법 제24조

원래 정신건강복지법은 1995년 정신질환자 치료에 대한 체계적인 기준을 마련하기 위해 만들어진 법이다.

(구)정신보건법 제24조는 정신질환자의 보호의무자 2명이 동의하고 정신과 전문의가 입원이 필요하다고 판단하면 환자 본인의 의사와 관계입원을 시킬 수 있게 해뒀다. 많은 "중증 정신질환자"가 자신의 질환을 인지하지 못하고 치료를 거부하기 때문이다.

그러나 "강제입원"에 대한 조항을 악용하는 사례가 생겼고, 환자의 70%가 비자발적으로 입원한다는 통계가 나오면서 입원 환자의 인권 문제로 개정에 대한 목소리가 커졌다. 결국 (구)정신보건법 제24조는 2015년 9월 헌법재판소의 헌법불합치 판정을 받았고, 법률은 개정되었다.

문제는 개정법을 지키면 "정신질환자"의 대거 퇴원이 불가피한데다, 이들을 돌볼 시설과 전문가가 부족하다는 점이다. 법 개정 취지는 공감하지만 아직 우리 사회가 입원 환자들이 사회로 나갔을 때 돌볼 준비가 덜

돼있다는 것이다.

전문가들은 "범죄 고위험군"에 대한 관리가 이뤄져야 한다고 지적한다. '윤정숙' 형사정책연구원 연구위원은 "정신질환자는 일반인보다 범죄율이 낮지만, 전과가 있거나 약물을 남용한 적이 있으면 범죄를 저지를 확률이 훨씬 높아진다."며 "전과자 중 정신병력이 있는 사람을 파악해 출소후 지속적인 관리·치료만 해도 상당한 예방 효과가 있을 것"이라고 말했다.

3) 배우자에 의해 정신병원 강제입원 시 처벌기준

현행 정신건강복지법은 보호의무자(부양의무자 또는 후견인) 2명 이상이 신청하고 정신건강의학과 전문의가 입원이 필요하다고 판단하면 정신질환자를 입원시킬 수 있다고 규정한다. 그러나 법원은 지인인 정신병원 직원을 통해 남편을 강제로 입원시킨 50대에게 폭력행위처벌법상 감금 혐의를 유죄로 인정했다. 법원은 이 판례를 인용하며 "사설 응급업체 직원이 A씨를 결박해 병원으로 옮긴 행위는 전문의가 대면진찰을 하기 전에 이뤄졌다"며 "정신건강복지법이 허용하는 행동이었다고 볼 수 없다."고 설명했다.

4) 정신병원 강제입원 기소입건 사례

진찰 없이 70대 가장을 폭행하고 강제로 정신병원에 입원시킨 모자(母子)가 나란히 입건되는 사건이 있었다.

충남지방경찰청 수사과는 아버지 A씨를 폭행하고 알코올 중독자로 몰아 정신병원에 감금한 혐의(공동감금 등)로 A씨의 아들과 아내를 각각 기소 의견으로 송치했다고 24일 밝혔다. 경찰은 또 이들 모자가 A씨를 정신병원에 감금할 수 있도록 도운 혐의(정신건강복지법 위반)로 충남 홍성의 한 정신병원 의사 등 2명도 기소 의견으로 함께 송치했다. 경찰 조사 결과 A씨의 아내가 외식하자며 A씨를 집 밖으로 불러낸 뒤 미리 대기시켜 놓은 응급환자 이송단 관계자를 시켜 정신병원에 입원시킨 것으로 드러났다. 이 사건은 아버지와 연락이 닿지 않는 것을 수상히 여긴 딸의 신고로 세상에 드러나게 됐다.

5) 가족의 요청에 의한 정신질환자 강제입원 가능 여부

최근 서울고등법원에서는 환자 가족의 요청이 있었더라도 정신과 전문의의 진단 없이 정신질환자를 집에서 강제로 끌어내 정신병원으로 이송한 것은 감금죄가 성립한다고 보아 사설 응급환자 이송서비스업체 운영자와 직원에게 유죄를 선고한 사례도 있다. 이처럼 불법적 강제입원은 경우에 따라 "형사 처벌"로도 이어질 수 있음을 기억해야 한다.

> ### 정신건강복지법 개정
>
> 2016년 5월 19일 국회 본회의에서 정신보건법 전체개정안인 "정신건강증진 및 정신질환자 복지서비스 지원에 관한 법률"이 국회 본회의를 통과, 2017년 5월부터 시행되게 되었다.
> 개정법에서는 강제입원의 경우 그동안 정신과 의사 한 명의 자의적 판단에 의해 입원 결정이 내려지던 것을, 일단 2주간의 진단 기간 동안만 입원하도록 제한하고 그 이상 입원 유지를 요구할 경우 국공립 병원에 소속된 다른 정신과 의사의 판단과 일치해야만 입원할 수 있도록 제한했다. 국립정신병원에 입원적합성심사위원회를 설치하고 위원회 소속 조사관이 강제입원된 사람을 직접 면담하여 입원이 정당한지 부당한지 다시 판단을 받을 수 있도록 강화했다.

❸ '존 내쉬'의 실수로 인한 아들의 "욕실 익사 미수사건"

정신질환자의 경우 사고를 저지르더라도 "형법상 처벌이 불가능"한 경우도 많다. 범행 당시 사물을 분별할 능력이 없거나 의사 결정 능력이 미약했다는 점이 인정되면 형이 감경될 수 있고, 만약 "심신상실" 상태에 이르렀다고 판단될 경우에는 처벌 자체가 불가능하다.

1) 대표적인 사례가 2016년 강남역 "살인사건"이다. 당시 피고인은 정신
질환(조현병)이 인정돼 무기징역에서 징역 30년으로 감형됐다.
이처럼 정신질환을 앓고 있는 강력범죄 범인들이 심신미약을 주장하
고 나오면서 정신질환자의 범죄를 강력히 처벌하고, 조현병 환자를
격리하는 등 구체적이고 엄격한 관리가 필요하다는 여론이 상당하다.

2) 진료 중 환자의 흉기에 찔려 사망한 고(故) 임세원 강북삼성병원 정
신건강의학과 교수 사건으로 정신질환자에 대한 여론이 더욱 나빠졌
다. 이후 자신이나 다른 사람을 해칠 위험이 있는 "정신질환자"가 의
료기관에서 퇴원할 경우, 환자나 보호자의 동의 없이도 "정신건강복
지센터"나 관할 "보건소"에 통보하고 치료와 재활을 돕도록 한 '임세
원법(개정 정신건강복지법)'이 2019년 4월 국회를 통과했다.

3) '존 내쉬'의 아들에 대한 욕실사건

현행 형법에 의한다면 '존 내쉬'의 욕실사건은 아내 '알리시아'에 의하여
구사일생 목숨을 건질 수 있었지만 만약 '알리시아'가 일찍 발견하지 못
하고 익사되었다고 한다면 '존 내쉬'의 범죄행위는 방조에 의한 살인행위
일 것이다.
그러나 형법 제10조에 의하여 처벌받지 아니하거나 형을 감경받을 수 있
을 것이다.

❹ 범행 시 "정신질환 심신상실" 상태인 경우

피고인이 범행 당시 그 심신장애의 정도가 단순히 사물을 변별할 능력이
나 의사를 결정할 능력이 미약한 상태에 그쳤는지 아니면 그러한 능력이
상실된 상태이었는지 여부가 불분명하므로, 원심으로서는 먼저 피고인의
정신상태에 관하여 충실한 정보획득 및 관계 상황의 포괄적인 조사, 분

석을 위하여 피고인의 "정신장애"의 내용 및 그 정도 등에 관하여 정신과 의사로 하여금 감정을 하게 한 다음, 그 감정결과를 중요한 참고자료로 삼아 범행의 경위, 수단, 범행 전후의 행동 등 제반 사정을 종합하여 범행 당시의 심신상실 여부를 경험칙에 비추어 규범적으로 판단하여 그 당시 심신상실의 상태에 있었던 것으로 인정되는 경우에는 무죄를 선고하여야 한다.

결론

우리나라의 정신질환자의 범죄사건의 현행 제도는 사전예방보다는 사후처벌 위주로 돼 있어 대형 참사를 막기에는 역부족한 것으로 판단된다. 그러므로 "정신질환이 중범죄로 이어지는 사안의 심각성을 감안할 때, 이제는 사전관리와 재범방지 위주의 대책전환이 필요한 시점이다"라고 말하고 싶다.

저자약력

정진항
GS창의교육연구원 원장
한남대학교 법대교수
한-아프리카 교류협회 이사
과학기술법연구원 전임연구원
법무법인 '채움' 전문위원
한국경영·법률학회위원
YBC연합뉴스객원논설위원

김화정
ICU 심리상담연구소 소장
건양사이버대학교 겸임교수
(주)나비드림즈 평생교육사
가정법원 조정위원

양재택(감수)
서울대학교 법학과 졸업
사법연수원(14기)
법무부 공보관
서울중앙지방검찰청 부장검사
서울남부지방검찰청 차장검사
2008년 변호사 개업
서울대학교 총동창회 이사
KBS 객원해설위원

표지디자인
서연원

영화 · 심리 · 법(영화로 보는 범죄와 심리)

초판발행   2020년 5월 30일

지은이   김화정 · 정진항
감 수   양재택
펴낸이   안종만 · 안상준

편 집   박가온
기획/마케팅   정연환
표지디자인   서연원
제 작   우인도 · 고철민

펴낸곳   (주) **박영사**
               서울특별시 종로구 새문안로3길 36, 1601
               등록 1959. 3. 11. 제300-1959-1호(倫)

전 화   02)733-6771
f a x   02)736-4818
e-mail   pys@pybook.co.kr
homepage   www.pybook.co.kr
ISBN   979-11-303-0988-0 93350

정 가   17,000원